L'Astrologie Chinoise

DEREK WALTERS

L'ASTROLOGIE CHINOISE

ART ET PRATIQUE

Traduction de
Françoise de Crémiers

Flammarion

L'AUTEUR

Derek Walters est un des rares spécialistes occidentaux en exercice de l'*astrologie chinoise*.

Né une année du Rat, pendant la saison du Bois, un mois du Dragon, il est opportuniste comme le Rat, tire sa créativité de l'élément Bois et sa soif de savoir scientifique de l'élément Feu. L'influence du Dragon stimule son intérêt pour le *Ming Shu*.

Titre de l'ouvrage original
Ming Shu, The Art and Practice of Chinese Astrology.
Éditeur original
Pagoda Books, 79 Great Titchfield street, Londres

ISBN 2.08.200146.6
N° d'éditeur 15446
Imprimé en Italie par Sagdos
Photocomposition, PFC, Dole

TABLE DES MATIÈRES

UNE SAVANTE DISCUSSION

L'empereur Yüan, désireux de choisir un jour favorable pour son couronnement, fit venir le sage T'ai Yang et le grand astrologue Ch'en Cho pour leur demander quelle date conviendrait le mieux.

T'ai Yang opta pour le vingt-quatrième jour du troisième mois, c'est-à-dire celui de la troisième Tige et de la septième Branche. Ch'en Cho ne partageait pas son avis ; il proposa le vingt-deuxième jour du mois, celui de la première Tige et de la cinquième Branche, et dit alors : « C'est le jour que le roi de Yüeh choisit pour retourner dans son pays, sur le conseil de l'astrologue Fan Li. »

T'ai Yang lui répondit : « C'est juste, mais le roi de Yüeh avait été prisonnier de l'empereur Wu et souffrait d'une grande révolte intérieure. Fan Li choisit ce jour précis parce que les influences néfastes étaient exactement dirigées sur le palais de l'empereur et que les influences fastes s'en éloignaient. Mais notre roi n'éprouve pas au fond de lui une rancune semblable à celle du roi de Yüeh et il est investi de son trône par le ciel. »

Le roi écouta attentivement les paroles des deux philosophes et choisit de suivre le conseil du sage T'ai Yang.

D'après L'Histoire de la dynastie Chin (environ 300 av. J.-C.)

« Doctors, Diviners and Magicians of Ancient China » par Kenneth J. DeWoskin, Columbia University Press, 1983

Les Illustrations

Les très belles illustrations, spécialement dessinées pour cet ouvrage, évoquent de façon symbolique les personnalités des animaux du calendrier chinois, le cours des saisons et les moments de la journée propres à chaque signe.

Pages 16 et 17 : le ***Rat*** qui échappe à la souricière laisse deviner son adresse et son intelligence, matérialisées aussi par l'instrument mathématique placé derrière lui. Les ombres noires indiquent le solstice d'hiver et la double heure du Rat qui se situe aux environs de minuit.

Pages 20 et 21 : nous voyons le philosophe Lao Tzu à cheval sur un ***Bœuf*** lent, mais sûr. Au second plan, la Grande Muraille de Chine, symbole d'équilibre et de résistance. C'est la seconde double heure chinoise et la fin de l'hiver.

Pages 24 et 25 : le Nouvel An chinois tombe toujours le mois du ***Tigre***. Ici le bond puissant de l'animal symbolise la force de la volonté, du changement et même de la révolution. Le commandant des Forces impériales prépare sa prochaine manœuvre : ses troupes sortiront avant le lever du jour.

Pages 28 et 29 : la jeune fille qui cueille des fleurs nous révèle que le ***Lièvre*** incarne la médecine, les produits de beauté, la jeunesse et la guérison. L'équinoxe de printemps et l'heure matinale sont évoqués par la présence simultanée de la lune et du soleil.

Pages 32 et 33 : le ***Dragon*** représenté sur les murs du palais symbolise l'argent et le bonheur, le commerce et la chance, tout ceci suggéré par le marché au loin et par les joueurs de dés au premier plan. La double heure du Dragon est matinale. C'est la fin du printemps.

Pages 36 et 37 : dédaignant les intrigues qui se trament dans le raffinement d'un élégant jardin, le mystérieux ***Serpent*** semble détenir la vérité. La double heure du Serpent se situe à la fin de la matinée. C'est le début de l'été.

Pages 40 et 41 : les couleurs vives des harnachements des ***Chevaux*** laissent deviner l'heure la plus chaude de la journée et le plein été. Les fougueux cavaliers représentent l'esprit de compétition et le courage.

Pages 44 et 45 : à l'inverse du Cheval, la ***Chèvre*** symbolise le côté doux de la nature humaine. C'est la huitième double heure. Nous sommes au début de l'après-midi. L'été tire à sa fin et les moines se recueillent dans la contemplation.

Pages 48 et 49 : c'est une sphère armillaire qui, à juste titre, vient matérialiser l'habileté du ***Singe***. Le mal et l'humour sont aussi présents sur cette image : l'imposant secrétaire impérial va devoir se séparer de son plus joli pinceau ! C'est la neuvième double heure. Nous sommes au début de l'automne et à la fin de l'après-midi.

Pages 52 et 53 : c'est le ***Coq*** superbe et fier qui symbolise l'équinoxe d'automne. Un ménage d'âge mûr se repose sous les rayons encore tièdes du soleil couchant évoqués par les chrysanthèmes. *(« Que vais-je faire maintenant ? demandait tristement l'impératrice à l'empereur qui l'avait délaissée pour une compagne plus jeune. — Vous êtes le chrysanthème de mon automne, lui répondit-il tendrement. »)*

Pages 56 et 57 : la fidélité et la loyauté sont représentées par le ***Chien*** et son maître. Au loin, des oies migratrices, comme dans le *Livre des Rites,* nous dévoilent la onzième double heure et la fin de l'automne.

Pages 60 et 61 : le cycle se termine avec le ***Cochon*** repu et satisfait, image d'une heureuse domesticité. Il va s'assoupir. C'est la fin de la journée, la douzième double heure et le début de l'hiver.

AINSI PARLAIT LE GRAND ASTROLOGUE :

« Depuis que l'homme existe, et à travers les générations successives, ceux qui ont dirigé le monde ont toujours observé le Soleil, la Lune et les étoiles. Ils ont essayé de comprendre leurs trajectoires et d'interpréter la signification. Relève la tête et contemple l'immensité des espaces infinis. Regarde autour de toi. Tu puiseras dans l'étude des manifestations du ciel sur la Terre la force essentielle dont parlent les Anciens. »

D'après Ma Ch'ien, premier historien chinois, IIe siècle av. J.-C.

INTRODUCTION

Jadis en Chine, comme dans le monde occidental, on avait la certitude que le destin d'un être était lié au moment de sa naissance. Les événements de la terre reflétaient ceux du ciel et si les actes des hommes, gérants provisoires de la planète, ne correspondaient pas aux commandements célestes, les plus terribles calamités pouvaient déferler sur le monde.

C'est en étudiant la position des étoiles et des astres que les philosophes de la Chine ancienne, tout comme leurs homologues occidentaux les magiciens et astrologues babyloniens, furent amenés à découvrir les secrets des cieux et purent ainsi prédire les événements terrestres.

A cette époque, les mystères de l'univers n'intéressaient que l'empereur et sa cour. Les avertissements de l'au-delà auraient été des fardeaux trop lourds pour le commun des mortels. A chaque personne de la cour impériale correspondait une étoile qui lui révélait son destin. L'empereur lui-même était, selon Confucius, l'Étoile polaire à laquelle toutes les autres devaient obéissance. Les hommes qui se hasardaient à observer les mouvements des astres sans avoir l'honneur de faire partie du cercle impérial étaient coupables de trahison et passibles de la peine de mort.

Peu à peu le vaste empire s'étendit. Les rites et les cérémonies prirent de plus en plus d'importance dans la société bien ordonnée. En conséquence, l'étude du calendrier et de ses fonctions secondaires devint vite indispensable au peuple chinois tout entier. Elle n'était plus exclusivement réservée à la cour. Un art nouveau apparut, le *Ming Shu*, dans sa traduction littérale : *détermination du destin*. Il mettait l'astrologie à la portée de tous grâce à un calendrier établi sur la position des astres.

En même temps, le rôle de l'astrologue se développa. On le vit officier préposé à l'enregistrement des naissances, des mariages et des décès, puisque c'était surtout dans ces occasions qu'on le consultait, diseur de bonne aventure ou médecin itinérant. Expert en *Yin* et *Yang*, il était au courant des événements de la terre entière, connaissait les jours de chance de chacun et pouvait prédire le destin selon les *quatre Piliers*. Il s'agissait le plus souvent d'un prêtre, dont le revenu reposait davantage sur les interprétations des horoscopes que sur les dons des fidèles.

Aujourd'hui encore, lorsqu'un enfant vient au monde, l'astrologue chinois note l'heure, le jour, le mois et l'année de sa naissance (les quatre Piliers du destin) afin de pouvoir prédire son avenir. Si les quatre Piliers laissent entendre, surtout s'il s'agit d'une fille, que l'enfant pourrait apporter un malheur dans la famille, il arrive fréquemment que ses parents l'abandonnent. Des « Boat People » du Viêt-Nam racontent qu'un père et une mère, inquiets de la naissance de leur fils sous de mauvais augures, allèrent demander conseil à l'aïeul de la famille. Le bébé était si mignon qu'il attendrit le grand-père et celui-ci jugea que le fait d'avoir un héritier mâle primait le mauvais sort. Les parents tinrent compte de son avis et le bébé fut sauvé.

Jusqu'à ces dernières années un mariage, en Chine, ne pouvait se faire que si les astrologues consultés affirmaient que les quatre Piliers des deux fiancés étaient entièrement compatibles. La demande en mariage d'un jeune homme consistait à écrire sa date de naissance au dos d'une carte qu'il remettait à celui qui allait peut-être devenir son beau-père.

On peut penser qu'après la mort, personne ne s'intéressait plus à l'horoscope du défunt. Ce n'était pas le cas. On interrogeait l'astrologue qui proposait un jour pour les funérailles, le plus compatible avec les quatre Piliers de celui qui venait de disparaître — bien souvent des semaines après le décès. En attendant cette date, on recouvrait le cercueil de feuilles et d'herbes pour le soustraire à la vue des dieux maraudeurs du tonnerre et des éclairs. Et si un proche du défunt tombait malade, il fallait absolument savoir pourquoi. Avait-il offensé son parent décédé ? Ses quatre Piliers s'accordaient-ils parfaitement avec ceux du mort ?

Le jour du Nouvel An les familles chinoises contemporaines, qu'elles soient de Hong-Kong ou de San Francisco, consultent un astrologue professionnel ou, le plus souvent, compulsent l'almanach, calendrier accompagné d'observations astronomiques et de prévisions, pour savoir ce que leur réserve l'année à venir. Dans la seule ville de Hong-Kong où demeurent cinq millions de personnes, on vend régulièrement à cette époque un million d'almanachs. Les Chinois portent la plus grande attention aux conseils pratiques pour chaque jour (qui vont du jardinage à la toilette). Ils craignent, en les ignorant, les punitions cruelles du ciel.

Les jeunes Chinoises, qui sont impatientes de savoir quel genre d'époux leur réserve le destin, participent à la fête du Double-Sept, ainsi nommée parce qu'elle a lieu le septième jour de la septième lune. La légende rapporte que ce jour-là, dans des temps très anciens, des pies se rassemblèrent pour former un pont sur la Voie lactée et permettre à la jeune filandière d'aller voir son fiancé gardien des troupeaux. La filandière est la patronne des jeunes filles à marier. Le jour de sa fête, ses filleules lui apportent des offrandes. Elle leur prédit l'avenir en espérant toujours, bien sûr, ne pas les revoir l'année suivante.

Il semble que l'astrologie ait évolué différemment dans les deux mondes de l'Antiquité. Les Babyloniens étudiaient les étoiles selon une autre méthode que les Chinois. Leur interprétation des phénomènes et leur façon d'établir les horoscopes n'étaient pas les mêmes.

Pour le grand public, l'astrologie chinoise fonde l'étude du caractère sur *l'année* de naissance alors que dans la civilisation occidentale, c'est le *mois* de la naissance qui compte le plus. Une telle idée n'est pas tout à fait conforme à la vérité. Considérer l'astrologie chinoise ou occidentale en ne tenant compte que de ceci serait erroné. Plusieurs autres facteurs entrent en jeu. Les Chinois, par exemple, attachent beaucoup d'importance aux *cinq éléments* : Bois, Feu, Terre, Métal et Eau qui, à différentes époques de la vie, exercent une influence considérable sur la chance et le bonheur de chacun. Leur rôle n'a cependant été qu'effleuré jusqu'ici dans les ouvrages occidentaux sur l'astrologie chinoise, laissant une part beaucoup plus importante au cycle des douze animaux.

Les douze animaux de l'astrologie chinoise

Le cycle des douze années portant le nom d'un animal, souvent appelé par erreur le Zodiaque chinois, apparut voici un millénaire, ce qui, dans l'histoire chinoise, est relativement récent. L'aspect le plus connu de l'astrologie de ce pays est que, selon l'année de sa naissance, un individu peut être un Rat, un Bœuf, un Tigre, un Lièvre, un Dragon, un Serpent, un Cheval, une Chèvre, un Singe, un Coq, un Chien ou un Cochon.

Avant l'apparition de ces noms d'animaux, les astrologues comptaient les années en s'appuyant sur les *douze Branches de la terre,* à l'origine les douze années correspondant à la révolution de Jupiter autour du Soleil. Les Chinois appellent encore ce cycle la « Grande Année ». Chacun de ses mois correspond à une de nos années.

Il n'est pas toujours facile de comprendre des concepts abstraits tels que ces Branches numériques. C'est pourquoi, voici environ mille ans, après que le bouddhisme fut devenu la principale religion en Chine, les moines spécialisés dans l'astrologie remplacèrent ces Branches par les noms de douze animaux, rendant ainsi leur science accessible à un plus grand nombre. Un mystère demeure cependant : pourquoi avoir choisi précisément ces animaux-là ? Selon une légende populaire, le Bouddha donnait aux années les noms des animaux qui avaient répondu à son appel.

Un tableau récapitulatif se trouve pages 84-88. Des confusions peuvent intervenir dans l'interprétation. Le nom du second animal, *Niu* (terme général pour le bétail), peut se traduire aussi bien par bœuf, buffle, taureau ou vache. De la même façon, *Chu* peut signifier cochon, sanglier, porc ou pourceau. Nous devons nous souvenir par ailleurs que le symbolisme animal occidental s'éloigne considérablement des idées chinoises. Chez nous, un individu peut ne pas se sentir particulièrement flatté d'apprendre qu'il est un Rat ou un Cochon. En Chine, c'est différent. Le Rat est l'image de l'ingéniosité et le Cochon, celle du confort.

Les douze animaux et leurs Maisons

Dans la tradition chinoise, les douze animaux sont groupés en six paires, le premier de chaque paire possédant le *Yang,* attribut actif, et le second, la qualité *Yin.* Sont assemblés : le Rat et le Bœuf, le Tigre et le Lièvre, le Dragon et le Serpent, le Cheval et la Chèvre, le Singe et le Coq, le Chien et le Cochon.

On pense souvent que des forces opposées, capables de traverser les univers physiques et métaphysiques, sont mâles *(Yang)* ou femelles *(Yin),* mais ce ne sont que des termes de convenance. Les deux forces sont en fait plus proches des polarités physiques positives ou négatives : action et contre-action. Si la matière existe, l'antimatière existe aussi ou, selon le raisonnement chinois bien des années avant Einstein, si l'être existe, le non-être existe aussi. *Yin* et *Yang* représentent ainsi le côté passif et le côté actif du caractère humain, son aspect créatif en opposition au raisonnement ou, physiologiquement, les hémisphères gauche et droit du cerveau.

Chacune des six paires d'animaux est associée aussi à l'un des six aspects du destin appelés *Maisons.* Elles exercent leur influence sur les tendances et les caractéristiques générales du temps (années, mois, jours et heures) rattaché à chaque animal. Le Rat et le Bœuf, par exemple, sont imbriqués dans la *Maison de la Construction* et, pendant l'année du Rat tout commence (idées, naissances) sous de bons auspices. Pendant l'année du Bœuf, le développement général des choses est favorisé et trouve une issue heureuse. Le Tigre et le Lièvre (le Chat, au Viêt-Nam) incarnent respectivement la violence et la diplomatie dans la *Maison de l'Expansion.* En cas de difficultés, le premier aura tendance à lever les armes alors que le second usera de modération pour obtenir la réconciliation. La *Maison du Mystère* règle l'année de l'énigmatique Dragon et du Serpent, contemplatif et secret. La *Maison du Genre* révèle les différences entre les sexes symbolisés

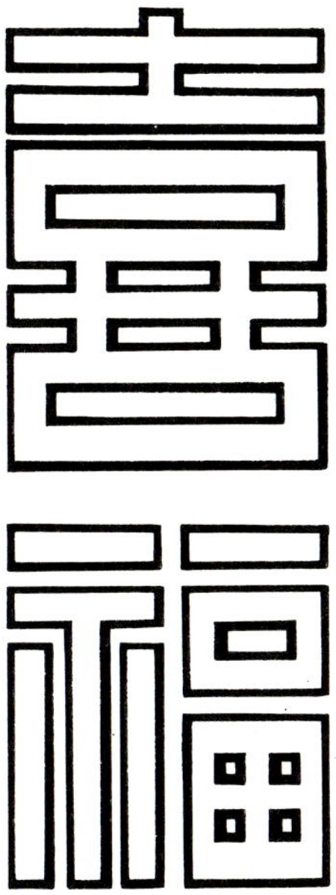

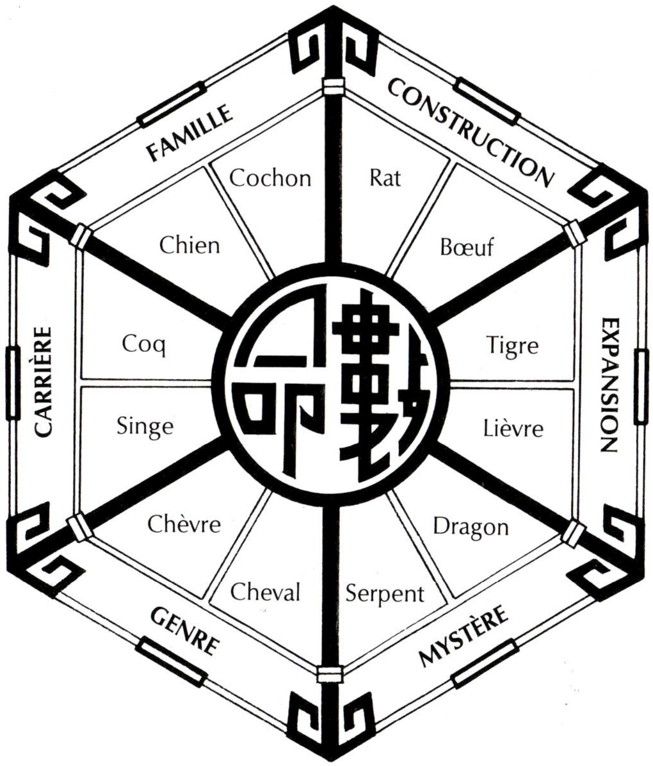

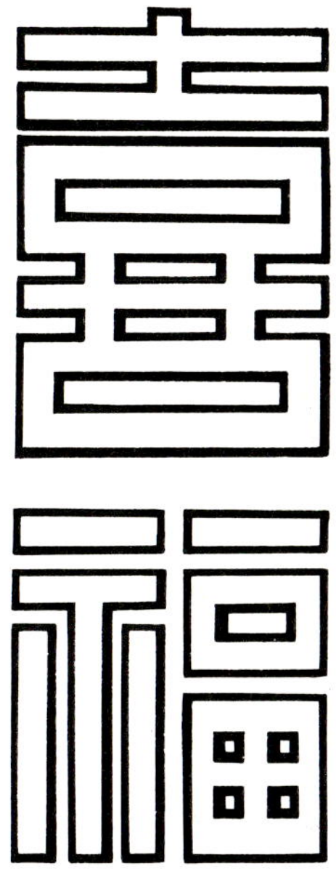

par le Cheval et la Chèvre, le premier représentant l'influence mâle et le second, femelle. Le Singe et le Coq font partie de la *Maison de la Carrière* où ils figurent le progrès, l'un par son habileté et l'autre, par son ambition et sa perspicacité. Enfin le Chien, image de la loyauté et de la protection et le Cochon, celle de la fertilité et du confort, appartiennent à la *Maison de la Famille*.

En conséquence, on voit que les influences sont différentes selon les époques. Il existe un temps pour l'innovation, la spontanéité et le risque, un autre pour la prudence et la réflexion.

Révélation de la personnalité

L'attrait de l'astrologie, qu'elle soit orientale ou occidentale, est l'esquisse du caractère et de la personnalité. Le côté prédiction est relégué au second plan. Dans l'astrologie populaire chinoise, les noms des animaux du cycle des douze années révèlent directement la nature de l'individu. Deux questions se posent, qui sont matière à discussion. Pourquoi adoptons-nous les caractères de l'animal relatif à notre année de naissance ? Sur quoi se sont appuyés les philosophes pour classer l'humanité en douze catégories ?

Pour ceux qui ne la connaissent pas bien, l'astrologie chinoise présente des limites. Il semble en effet qu'il y ait un manque de logique dans une méthode qui, apparemment, condamne tous les étudiants nés au cours d'une année néfaste à échouer à leurs examens. Or, c'est peut-être là l'un des exemples les plus probants de l'astrologie chinoise. Ainsi, alors que les caractères de chaque signe ne sont pas nécessairement apparents chez un individu isolé, ils le sont davantage dans un groupe. D'autre part, quelle est la raison pour laquelle les grands dirigeants, les génies ou, à l'inverse, les inadaptés, se distinguent de la masse ?

Chaque animal type permet de tracer des portraits précis. L'étude s'effectue de différentes façons, en observant l'image générale de l'animal de l'année et l'influence des dates de naissance. Dans le Sud-Est asiatique, les noms de ces animaux servent aussi à marquer les douze divisions du jour. Le Rat correspond à l'intervalle 11 h-13 h (voir le tableau ci-dessous). Il faut donc tenir compte aussi de l'heure de la naissance. Les textes chinois font état de l'importance de ce facteur fondamental pour l'étude de la personnalité. Ceux qui connaissent bien l'astrologie occidentale savent que l'heure de la naissance d'une personne permet de déterminer son ascendant. En Chine, elle définit l'*alter ego*, l'autre moi-même. Parallèlement, ces noms d'animaux sont donnés aux douze divisions de l'année. On voit donc que, comme l'heure, le mois de la naissance intervient aussi dans l'établissement d'un horoscope.

Les mois chinois ne commencent pas et ne finissent pas à des dates fixes chaque année. En conséquence, le tableau ci-dessous n'est qu'approximatif. Pour trouver plus précisément l'animal sous le signe duquel vous êtes né, reportez-vous au tableau IV des pages 84-88. Vous y trouverez, pour chaque année de notre siècle, les dates des premiers jours des mois chinois. Cherchez votre date de naissance, puis notez le chiffre supérieur de la colonne qui vous concerne. Vous utiliserez ensuite le tableau ci-dessous pour trouver votre animal.

Compatibilité entre les différents types d'animaux

Après avoir découvert votre propre animal, vous souhaiterez sans doute connaître ceux de vos proches. Il sera alors intéressant d'étudier vos chances de compatibilité avec vos parents et amis. Il existe deux façons de procéder.

La première est purement objective, calculée selon les relations numériques des différentes années ; elle peut être démontrée très simplement. Si les noms des douze animaux sont placés en ordre selon la position des heures sur un cadran, l'animal de l'année sur le douze, il faut savoir que les signes qui s'accordent le mieux avec lui seront positionnés sur le quatre et le huit, ceux qui sont moyennement compatibles avec lui, sur le deux et le dix, et ceux qui le sont très peu, sur le trois et le neuf. Le six sera en totale opposition. Les illustrations de la couverture et de la page 65 montrent les animaux groupés selon leur compatibilité.

Les douze doubles heures chinoises et leurs anciens noms

Double heure du Rat	23 h-1 h	*Yeh Pan*	Minuit
Double heure du Bœuf	1 h-3 h	*Chi Ming*	Le cri du coq
Double heure du Tigre	3 h-5 h	*Ping Tan*	L'aube
Double heure du Lièvre	5 h-7 h	*Jih Ch'u*	Le lever du soleil
Double heure du Dragon	7 h-9 h	*Shih Shih*	Le repas du matin
Double heure du Serpent	9 h-11 h	*Yu Chung*	Avant midi
Double heure du Cheval	11 h-13 h	*Jih Chung*	Midi
Double heure de la Chèvre	13 h-15 h	*Jih Tieh*	Le déclin du soleil
Double heure du Singe	15 h-17 h	*Pu Shih*	L'après-midi
Double heure du Coq	17 h-19 h	*Jih Ju*	Le coucher du soleil
Double heure du Chien	19 h-21 h	*Huang Hun*	Le crépuscule
Double heure du Cochon	21 h-23 h	*Jen Ting*	Le sommeil

Les douze mois chinois et leurs noms d'animaux

Premier mois correspondant approximativement à février	le Tigre
Deuxième mois correspondant approximativement à mars *(le mois du Lièvre comprend l'équinoxe de printemps)*	le Lièvre
Troisième mois correspondant approximativement à avril	le Dragon
Quatrième mois correspondant approximativement à mai	le Serpent
Cinquième mois correspondant approximativement à juin *(le mois du Cheval comprend le solstice d'été)*	le Cheval
Sixième mois correspondant approximativement à juillet	la Chèvre
Septième mois correspondant approximativement à août	le Singe
Huitième mois correspondant approximativement à septembre *(le mois du Coq comprend l'équinoxe d'automne)*	le Coq
Neuvième mois correspondant approximativement à octobre	le Chien
Dixième mois correspondant approximativement à novembre	le Cochon
Onzième mois correspondant approximativement à décembre *(le mois du Rat comprend le solstice d'hiver)*	le Rat
Douzième mois correspondant approximativement à janvier	le Bœuf

Plusieurs dictons semblent cependant en contradiction avec ce système. Dans tout le Sud-Est asiatique, par exemple, on a tendance à se méfier des jeunes filles nées l'année du Tigre. En outre, il ne paraît pas exister d'explication plausible à l'accord de certains signes entre eux : le Coq et le Serpent se haïssent dans les récits anciens alors que dans le monde réel, leur entente est plutôt bonne. A l'inverse, dans certains proverbes, le Serpent et le Lièvre sont censés former un couple idéal.

La seconde méthode fonde son raisonnement sur l'étude des chances de compatibilité entre les différents signes animaux. On considère que ces douze signes incarnent des animaux réels. Un cheval, par exemple, s'accordera en général plutôt bien avec les autres animaux domestiques. Les chiens et les chevaux, une fois passé le premier mouvement de méfiance, ont toutes les chances de devenir de bons compagnons. Les chevaux et les chèvres ont de bons rapports. Peut-être les relations cheval-bœuf sont-elles un peu moins pacifiques, mais elles ne mènent jamais à l'hostilité. L'interprète subjectif d'un horoscope établi selon la position des signes animaux dirait peut-être qu'un natif du Cheval pourrait entretenir des rapports amicaux avec un Tigre ou un Rat après la suspicion mutuelle du premier contact, qu'il trouverait de nombreux camarades parmi les Chèvres, que ses bons compagnons de travail seraient des Chiens mais que les Bœufs ne lui inspireraient qu'indifférence.

Cette méthode n'est pas très précise. Si elle semble fantaisiste, elle est cependant plus facile à retenir que les comparaisons entre les chiffres des signes cycliques. De plus, si on considère que les douze personnalités types sont représentées par les vrais animaux, elle constitue certainement une sorte d'aide-mémoire utile pour définir les affinités pouvant exister entre différentes personnes.

Les cinq éléments

Pour établir une meilleure comparaison entre deux personnalités et mieux déterminer leur compatibilité, il est important d'étudier l'impact des cinq éléments.

Les Chinois pensent que cinq éléments règlent les cycles de l'univers. Ce sont : le Bois, le Feu, la Terre, le Métal et l'Eau. Ils se suivent dans cet ordre, chacun engendrant le suivant. Le Bois brûle dans le Feu, le Feu laisse des cendres sur la terre d'où on tire le Métal. Le Métal, en fondant, devient liquide, comme l'Eau qui repart dans la Terre nourrir les arbres qui donneront le Bois. Et le cycle recommence.

L'année comprend ainsi cinq saisons, chacune associée à l'un des cinq éléments : la saison de la pousse des végétaux au Bois, la saison chaude au Feu, le milieu de l'année à la Terre, la saison des moissons au Métal et la saison des pluies et du froid à l'Eau. Et tout comme chaque élément est relié à une saison particulière, les années, les jours et les heures sont associés à ces éléments. C'est pourquoi on affirme qu'au moment de la naissance d'un individu, il existe douze facteurs différents d'égale importance (chacun influencé par l'un des cinq éléments) qui détermineront sa personnalité, ses traits de caractère et son destin.

Les principes les plus connus de l'astrologie chinoise tendent à ne s'appuyer que sur le seul élément de l'*année*. Ainsi, quelqu'un né en 1945 sera décrit comme Bois-Coq, l'élément de cette année-là étant le Bois. Une telle approche ne met pas assez en valeur l'importance des éléments ou leur signification réelle ; elle ne tient pas compte des éléments associés au mois, au jour et à l'heure de la naissance. Ceux-ci sont aussi fondamentaux que l'élément de l'année ; ils permettront d'obtenir plus de profondeur et plus de détails dans le portrait de la personnalité.

Voici donc un des aspects les plus marquants de l'astrologie chinoise que vous pourrez mettre en pratique vous-même en vous reportant aux pages finales de cet ouvrage. Vous y trouverez en effet un guide très détaillé à l'aide duquel vous pourrez établir et interpréter un horoscope chinois.

En règle générale, deux éléments consécutifs dans l'ordre Bois, Feu, Terre, Métal, Eau sont compatibles, chacun engendrant le suivant. Il existe cependant un ordre destructif : Bois, Terre, Eau, Feu, Métal, dans lequel chaque élément maîtrise le suivant. De telles combinaisons ne sont pas d'aussi bon augure. Le Bois prend sa force dans la Terre, qui souille l'Eau, qui elle-même éteint le Feu, qui fait fondre le Métal qui abat l'arbre...

Connaissant ces deux classements, on comprend qu'il est difficile d'estimer si un élément particulier aide ou gêne l'autre. Dans le premier cas, une personne née sous le signe du Bois fera profiter de ses idées celle qui est née sous un signe de Feu. Celle-ci stimulera l'individu Terre qui apportera sa stabilité au Métal, personnage plutôt étourdi mais qui se révèle un soutien solide pour le signe d'Eau. La personne née sous un signe d'Eau, souvent rêveuse, apporte à l'individu Bois l'information de fond dont il a besoin pour créer.

Dans l'autre cas, le signe du Bois pourrait profiter de l'énergie de la Terre, qui elle-même a toutes les chances d'entamer la réputation de l'Eau. Une personne née sous un signe d'Eau risque d'éteindre l'enthousiasme du Feu. Celui-ci est un opposant farouche au type Métal qui, à son tour, pourrait gêner le Bois.

Les dix Tiges célestes

Les Chinois, comme nous l'avons vu plus haut, comptaient depuis longtemps les heures, les jours, les mois et les années en s'appuyant sur les douze Branches de la terre ; leurs noms furent un jour remplacés par ceux des douze animaux. Les Chinois ont aussi un second cycle de dates : les *Tiges célestes* ; leurs calendriers, certainement les plus anciens du monde, utilisent toujours les Tiges et les Branches, perpétuant ainsi une tradition vieille de plusieurs milliers d'années.

A la fin de ce livre, vous verrez comment établir un horoscope et rencontrerez à nouveau les dix Tiges célestes. Pour l'instant, il est simplement utile de noter que, alors que les douze Branches prenaient les noms des douze animaux, les dix Tiges étaient supplantées par les cinq éléments associés en paires. Ainsi les Tiges une et deux sont devenues l'élément Bois, les trois et quatre, le Feu, les cinq et six, la Terre, les sept et huit le Métal et les neuf et dix, l'Eau.

Changements dans le destin et la personnalité des individus

Tout ce que je viens d'évoquer laisse croire que le caractère d'une personne est constant de sa naissance jusqu'à sa mort. Il arrive cependant que nous subissions des transformations de la personnalité partielles ou complètes, sous l'influence de pressions extérieures ou tout simplement, de l'âge. Ceux qui, généralement, jouissent d'un heureux caractère peuvent parfois souffrir de dépression à la suite d'une maladie ou du décès d'un proche. De même, des individus réservés et timides semblent tout à coup se réveiller, pleins d'ardeur, comme libérés d'une lourde responsabilité. De tels changements sont parfaitement naturels ; nul besoin d'avoir recours à l'astrologie, chinoise ou autre, pour les expliquer.

Parallèlement à ces bouleversements, il en existe d'autres, inexplicables, sans cause apparente, qui mènent aussi à des transformations de caractère et de comportement. En astrologie, on les devine sur le *tableau du cycle de la vie* à travers l'équilibre des forces des cinq éléments.

Les astrologues chinois affirment que ces changements sont prévisibles grâce à la connaissance des déplacements des cinq éléments. Ils étudient leur harmonie. Sont-ils dominants ou secondaires, en augmentation ou en récession ? Selon leur position au moment de la naissance d'un individu, de son enfance, de ses années d'école et de collège, de son mariage et de sa maturité, l'astrologue chinois peut lui conseiller la meilleure voie à choisir aux différentes étapes de sa vie.

Peut-être l'approche de l'astrologie chinoise vous paraîtra-t-elle un peu ardue. En ce qui me concerne, ses mystères m'ont toujours passionné et j'espère que ce livre, enrichi par des illustrations superbes spécialement faites pour nous par Nicholas Hewetson, donnera au lecteur l'envie d'en savoir plus sur ce sujet captivant et peu exploré jusqu'ici.

Derek Walters

LES DOUZE ANIMAUX

Les astrologues chinois des temps anciens avaient observé que le cours des événements semblait suivre des cycles réguliers de douze années et que, souvent, les hommes du même âge possédaient des traits de caractère communs. Quand ces principes furent bien ancrés dans les esprits, ils donnèrent à chacune de ces années le nom d'un animal incarnant ses principales caractéristiques.

C'est ainsi que symboliquement, selon l'année de notre naissance, nous pouvons être Rat, Coq, Bœuf, Tigre, Cheval, Dragon, Chèvre, Cochon, Chien, Lièvre, Singe ou Serpent.

Quelles sont les qualités du Rat ? du Singe ? Comment le Bœuf vivra-t-il l'année du Tigre ? Cet ouvrage va vous entraîner dans le monde fascinant du symbolisme animal qui constitue en partie le *Ming Shu*.

LE RAT

Le Rat est un personnage charmeur. Que celui qui accepte mal sa condition de Rat se rassure : en Chine, Rat signifie aussi bien souris que taupe, hamster ou autre petit rongeur.

Le Rat s'adapte à toutes les situations. Il est créatif, perspicace et inventif. L'esprit vif, brillant et sociable, il a cependant une certaine tendance à l'ostentation, fasciné par ceux dont le rang social est supérieur au sien.

L'apparence extérieure du Rat est certainement séduisante, mais sous cette surface attirante se cache souvent un caractère rusé et opportuniste qui l'entraîne parfois à profiter des autres.

鼠

Du côté financier, les Rats sont erratiques : ils lésinent sur tout, raclent les fonds de tiroirs et tiennent leur budget serré quand l'argent est rare, mais dépensent sans compter dans les périodes fastes.

Brillant, aimant la société, avec un goût prononcé pour les commérages, le Rat possède une versatilité intellectuelle qui peut ne pas apparaître à première vue. Il a surtout un sens aigu de la notion d'abstrait, il est souvent fort en mathématiques. Dans les affaires, il est particulièrement recherché et apprécié pour sa clairvoyance et son aptitude à éclaircir les situations compliquées.

LE SYMBOLISME DU RAT 鼠

Le Rat ouvre la procession des douze animaux qui donnent leur nom aux unités de la Grande Année. Son appellation ancienne, *Tzu*, peut se traduire par « jeune enfant » et signifie le début d'une ère nouvelle. *Tzu* est aussi utilisé pour marquer la douzième heure du cadran horaire chinois, annonçant ainsi le jour nouveau. C'est l'heure où se montrent les rats et les souris, l'heure de leur plus intense activité. Peut-être est-ce la raison pour laquelle la première heure du jour est l'heure du Rat.

Certains Chinois portent aux rats une véritable vénération, persuadés qu'ils protègent la maison contre les intrus, comme les chiens. La présence d'un gros rat est perçue comme une grande joie alors que celle d'un rat affamé est moins bien ressentie.

Les années du Rat

et leurs éléments

31 jan. 1900 - 18 fév. 1901	*Métal*
18 fév. 1912 - 5 fév. 1913	*Eau*
5 fév. 1924 - 23 jan. 1925	*Bois*
24 jan. 1936 - 10 fév. 1937	*Feu*
10 fév. 1948 - 28 jan. 1949	*Terre*
28 jan. 1960 - 14 fév. 1961	*Métal*
15 fév. 1972 - 2 fév. 1973	*Eau*
2 fév. 1984 - 19 fév. 1985	*Bois*
19 fév. 1996 - 6 fév. 1997	*Feu*

L'ANNÉE DU RAT

Depuis des temps très reculés, les astronomes chinois comptent les années d'après un point de repère nommé *T'ai Sui,* qui décrit dans le ciel une révolution semblable aux aiguilles d'une horloge cosmique et revient à son point de départ tous les douze ans, au début de l'année du Rat.

Parce que l'année du Rat entame le cycle des douze animaux, elle est considérée comme le moment propice aux réalisations et aux projets nouveaux, même si rien n'apparaît en surface. Au cœur des choses, tout est prévisible. Une idée en l'air peut soudain devenir novatrice et même révolutionnaire car l'époque est propice à une activité créatrice intense. De nouvelles perspectives de réalisations extraordinaires apparaissent.

C'est un temps propice à l'introduction de méthodes originales, aux plans nouveaux, à la discussion de projets de réorganisation et de rénovation. Peut-être un peu plus tard apparaîtront un certain scepticisme et quelques résistances.

Sur le plan international, les années du Rat (au XXe siècle, ce sont celles dont les deux derniers chiffres forment un multiple de douze — 1960, 1972, 1984, par exemple) sont rarement excellentes. Des historiens soutiennent cependant que si des révolutions ont germé lors d'une année du Rat, elles n'ont pas toutes été menées à terme.

En ce qui concerne la santé, le départ d'un cycle apporte une vitalité nouvelle. Les problèmes mineurs devraient disparaître et les plus importants, se stabiliser. Côté cœur, l'année du Rat est bonne pour tout le monde. Ceux qui n'ont pas encore trouvé l'âme sœur devraient la rencontrer, les autres auraient la chance de voir s'agrandir leur famille — enfants ou petits-enfants.

INTERFÉRENCE DES SIGNES ANIMAUX DANS L'ANNÉE DU RAT

Le Rat 鼠

L'année du Rat commence le cycle animal de douze ans. L'individu qui a la chance de naître une de ces années-là pourra sans risque se lancer dans de nouveaux projets et entreprises hasardeuses. C'est un moment propice à tout ce qui est neuf, changement de domicile, de situation ; c'est aussi le début d'une vie sentimentale heureuse. Côté finances, tout va bien. Attention cependant ! Des moments plus difficiles risquent d'apparaître l'année prochaine ; il serait prudent de faire quelques économies. Le Rat n'aura par ailleurs pas de soucis au sujet de sa santé.

Le Bœuf 牛

Le Bœuf est le signe complémentaire du Rat. Alors que ce dernier incarne une activité créatrice, le Bœuf représente la force tranquille. En général, c'est une année plus favorable aux investissements d'argent qu'aux projets requérant une participation active. Les natifs du Bœuf souffrant des os ou des articulations devraient constater une amélioration de leur santé. Il est peu probable que les relations sentimentales nées cette année-là soient de longue durée.

Le Tigre 虎

Bien que la constellation du Tigre soit en harmonie avec celle du Rat dans le ciel, l'année du Rat n'est pas souvent bonne pour les Tigres, surtout en ce qui concerne l'argent. Leur vie sociale sera cependant très riche, avec des promesses d'avancement. Leurs efforts seront récompensés.

Le Lièvre 兔

L'année du Rat ne se présente pas bien pour les natifs du Lièvre qui devront surveiller de très près l'état de leurs finances et leur santé, en se montrant prudents pour essayer d'écarter les risques d'accident. L'année du Rat sera cependant propice à l'innovation, à la réalisation de nouveaux projets, mais l'engagement financier devra toujours rester modeste.

Le Dragon 龍

Excellente année pour les Dragons, dont la personnalité extravertie s'harmonise parfaitement avec celle du Rat innovateur et créatif. Travail, santé et vie sentimentale, tout est pour le mieux. La fortune sourit au Dragon qui pourrait profiter de cette période pour faire fructifier ses économies.

Le Serpent 蛇

Progrès réguliers tout au long de l'année pour les natifs du Serpent qui bénéficieront de son dynamisme dans cette période plutôt calme. Il serait sage d'essayer de résoudre les problèmes importants afin de se préparer pour l'année suivante, qui devrait être excellente.

Le Cheval 馬

Placé dans le secteur du ciel opposé à celui du Rat, le Cheval va connaître une période sans doute assez difficile, notamment dans ses relations avec le Rat qui, lui, bénéficie d'une situation générale plutôt positive. Il devra peut-être limiter ses dépenses d'argent. Ses rapports avec les autres deviendront plus compliqués. Le Cheval devra ménager sa santé et éviter de prendre des risques inutiles.

La Chèvre 羊

Cette année annonce le début d'une période calme pour les natifs de la Chèvre. Bonne nouvelle ! Car les années précédentes ont été marquées par une activité intense. Ils vont enfin pouvoir prendre un peu de repos. L'année du Rat est favorable au développement des affaires et des relations amicales. Peu de changements en ce qui concerne la santé.

Le Singe 猴

Voici l'une des meilleures années possibles pour le Singe. Tout lui sourit. Il pourra sans risque se lancer dans de nouveaux projets. Les secteurs du Singe et du Rat s'harmonisent parfaitement dans le ciel. L'élan créatif que cette année apporte au Singe est exactement ce dont il a besoin. C'est une période très favorable aux affaires et à l'amour. La santé devrait être excellente.

Le Coq 鷄

Cette année sera plutôt négative pour le Coq. Le Rat a épuisé les réserves de nourriture et n'a rien laissé au Coq. Pendant cette phase difficile, il serait souhaitable que le Coq prenne le plus grand soin à choisir ses partenaires, que ce soit en affaires ou en amour.

Le Chien 犬

L'année sera bonne pour les natifs du Chien, en tout cas meilleure que la moyenne. L'année du Rat qui ouvre un cycle de douze ans favorise la croissance et le développement. Le Chien pourra donc en tirer profit en utilisant toutes les chances que lui offre cette période positive.

Le Cochon 豬

L'année sera caractérisée par l'instabilité. Elle s'oppose de façon frappante à la précédente qui avait laissé un sentiment de satisfaction. Maintenant s'amorce une période de changement et de réorganisation. Bien que les astres leur soient favorables, les Cochons peuvent ressentir une certaine frustration au niveau de leurs ambitions. Cette année apportera dans l'ensemble au Cochon de nombreuses satisfactions malgré quelques perturbations.

Le Bœuf

Le Bœuf est loyal et méthodique. Malgré le côté terre-à-terre et routinier que certains lui reprochent, il sait se montrer digne de confiance et raisonnable. Son esprit créatif et inventif souffre quelquefois de son désir de conformisme. Résistant au changement, le Bœuf n'aime pas prendre des initiatives.

On peut compter sur lui jusque dans les moindres détails, ce qui peut l'amener à devenir autoritaire. Son sens du conservatisme le gêne pour accéder à des fonctions élevées où une grande vivacité d'esprit et une certaine perspicacité sont nécessaires pour pouvoir prendre des décisions très rapides. Souvent insensible à l'élégance vestimentaire et peu à l'aise dans l'art de la conversation, le Bœuf est plutôt renfermé et a parfois tendance à se montrer rancunier.

牛

S'il n'est pas particulièrement romantique, il a de très bons amis qu'il entoure d'une chaude affection. Il préfère leur cercle restreint à ceux, plus larges, des mondanités. Toujours loyal, il peut se montrer très possessif, voire jaloux.

Le Bœuf réussira dans les affaires grâce à son excellent sens logique et pratique, à son honnêteté et à son endurance. Il peut fournir un travail considérable à force de patience.

LE SYMBOLISME DU BŒUF 牛

Le Bœuf occupe une place d'honneur dans le symbolisme astrologique chinois. On le voit toujours en première page des almanachs car il laisse présager de bonnes récoltes. Emblème de l'agriculture dans son ensemble, le Bœuf vigoureux est l'image de l'application et de la minutie, de la persévérance et de la ténacité.

C'est par pure coïncidence que le second signe du cycle animal chinois porte le même nom que le second signe du zodiaque. La ressemblance s'arrête là. *Niu,* le Bœuf, est associé au dernier mois de l'année chinoise. Il correspond en gros au mois de janvier alors que *Taurus,* le Taureau, est rattaché au mois de mai.

Les années du Bœuf

et leurs éléments

19 fév. 1901 - 7 fév. 1902	*Métal*
6 fév. 1913 - 25 jan. 1914	*Eau*
24 jan. 1925 - 12 fév. 1926	*Bois*
11 fév. 1937 - 30 jan. 1938	*Feu*
29 jan. 1949 - 16 fév. 1950	*Terre*
15 fév. 1961 - 4 fév. 1962	*Métal*
3 fév. 1973 - 22 jan. 1974	*Eau*
20 fév. 1985 - 8 fév. 1986	*Bois*
7 fév. 1997 - 27 jan. 1998	*Feu*

L'ANNÉE DU BŒUF

C'est une période de stabilité où on entrevoit la promesse d'une amélioration sensible, une période faste pour les affaires où la part de l'innovation est faible. Cette année ne sera pourtant pas stérile, loin de là. La récolte des fruits semés l'an passé sera bonne. Les Chinois associent le Bœuf à la terre, à l'agriculture et au labourage.

Tandis que les affaires solides suivent leur progression avec constance, les projets conçus pendant l'année du Bœuf doivent, pour réussir, être très rapidement menés à leur fin.

En termes pratiques cela signifie qu'il est important, par exemple, d'obtenir sans attendre la signature d'un contrat ; ce moment opportun pourrait se révéler très fugitif. Autre exemple : si on envisage le mariage, il serait sage d'écourter les fiançailles. Le Bœuf est associé aux os, aux membres, aux fractures, aux rhumatismes et à l'arthrite. L'année du Bœuf s'annonce bien pour ceux qui en souffrent.

En creusant la terre, on trouvera peut-être un trésor ! En tout cas, on peut s'attendre à quelques bonnes surprises archéologiques !

L'année du Bœuf correspond à l'hiver et à l'heure précédant l'aube. C'est une phase de sommeil et d'hibernation. Elle sera faste à ceux qui sauront profiter des avantages de cette période calme.

INTERFÉRENCE DES SIGNES ANIMAUX DANS L'ANNÉE DU BŒUF

Le Rat 鼠

Le Rat et le Bœuf étant astrologiquement compatibles, l'année sera bonne pour les natifs du Rat. Le Bœuf apporte le *Yin,* qualité réceptive qui sommeille pendant l'année *Yang* du Rat. Les forces en balance sont en recherche d'équilibre. Période faste pour les affaires : les projets réalisés pendant l'année du Rat arrivent maintenant à une conclusion heureuse. Ce n'est toutefois pas le moment de se lancer dans des aventures risquées, à moins d'avoir la certitude qu'elles s'achèveront avant la fin de l'année.

Le Bœuf 牛

L'année du Bœuf lui sera très favorable, période d'amélioration régulière propice à des investissements sûrs. Quelques ralentissements sont à prévoir, mais ils ne seront ni importants, ni ennuyeux. Le Bœuf connaîtra une phase de stabilité affective, surtout en ce qui concerne la famille, qui pourrait peut-être s'agrandir. Un mariage en vue ? La vie sociale sera très active.

Le Tigre 虎

Année parsemée d'embûches pour le Tigre, dont le signe astral est incompatible avec celui du Bœuf. Des projets avortés, des obstacles à contourner. Des retards sont à craindre dans plusieurs domaines. Le meilleur conseil à donner aux Tigres pendant l'année du Bœuf est de faire preuve de patience et de diplomatie.

Le Lièvre 兔

Année faste pour les natifs du Lièvre ! Peut-être pas l'une des meilleures, mais ils n'auront pas à se plaindre. Une amélioration constante commence à porter ses fruits. Année très favorable pour la famille et la vie sociale. Si le Lièvre a le choix entre voyager ou transformer son intérieur, il devra plutôt opter pour la seconde résolution. L'acquisition de terres est probable.

Le Dragon 龍

Les principes astrologiques anciens ne prévoient pas une bonne année pour les natifs du Dragon. Elle sera même assez néfaste aux artistes et à ceux qui prennent des risques, au jeu notamment. Un travail régulier serait plus lucratif. Des difficultés à prévoir dans la maison, plus spécifiques à la structure de la maison elle-même qu'à la famille qui l'habite. Il ne faudra pas négliger la sécurité. La période est favorable aux voyages, à la vie sociale et affective. Le Dragon devra cependant se méfier des scandales. Côté santé, tout va bien.

Le Serpent 蛇

Le Serpent, contrairement à son équivalent *Yang*, peut s'attendre à une excellente année. Tous ses signes sont en harmonie. Son sens aigu des affaires lui permettra de réussir là où d'autres auront moins de chance. Il devra profiter de chaque occasion qui se présentera à lui, que ce soit dans son travail ou dans sa vie sentimentale et agir vite, pendant que ses adversaires prennent leur temps pour réfléchir.

Le Cheval 馬

Année plus favorable aux chevaux de labour qu'aux chevaux de course ! Pour les natifs du Cheval, l'année du Bœuf risque d'être assez difficile. Pas de gros problèmes, pourtant, à l'horizon, seulement quelques événements dominants. Les Chevaux ne devront pas se décourager, mais plutôt concentrer leurs forces sur la famille et sur la certitude que l'année prochaine leur sera plus faste.

La Chèvre 羊

Les natifs de la Chèvre connaîtront une année assez pénible, jonchée d'obstacles. Ils devront faire face à des conflits et les soucis financiers ne leur seront pas épargnés. En ce qui concerne la santé, il existe des risques de fracture, de maladie chronique et d'accident. Le meilleur conseil à leur donner pendant l'année du Bœuf est de rester tranquilles. Si ils ne peuvent rien attendre d'exceptionnel cette année, ils ont peu de chances d'éprouver de vraies déceptions. De bonnes surprises agrémenteront cette année.

Le Singe 猴

Une certaine retenue dans l'exubérance naturelle du Singe est à noter en cette année du Bœuf, ce qui n'est peut-être pas mauvais. Les Singes voyageront moins. La période est plutôt favorable aux affaires, domestiques ou financières, négligées ces derniers temps. Les plans conçus l'année dernière pourraient arriver à réalisation ; en revanche, cette année n'est pas vraiment propice aux nouveaux projets. La vie sociale et personnelle sera très mouvementée.

Le Coq 鷄

Après les difficultés qu'il vient de rencontrer, le Coq accueillera avec soulagement l'année du Bœuf où son sens naturel de la mise en scène trouvera son plein épanouissement. Il sera très recherché et écouté avec le plus grand intérêt. On le respectera. Grandes chances de voyage ou d'avancement, ou les deux. En résumé, une période très heureuse pour le Coq.

Le Chien 犬

L'année ne sera pas exceptionnelle pour les natifs du Chien. Ce sont maintenant les Bœufs qui se tiennent en travers de leur chemin, faisant naître chez eux rancune et animosité. Ils devront réduire les dépenses et laisser provisoirement de côté les projets ambitieux. L'année suivante leur réserve de meilleurs moments.

Le Cochon 豬

Le Cochon va traverser une période placée sous l'emprise de la raison, avec la vie familiale au premier plan. Un changement de domicile semble indiqué. Il faudrait que le Cochon saisisse immédiatement les bonnes occasions qui se présentent car l'année prochaine risque d'être moins bonne. La famille a de grandes chances de s'agrandir — mariage ou naissance. L'année profitera davantage aux femmes qu'aux hommes. Les possibilités de voyage à l'étranger sont assez nombreuses. Pas de risques inutiles !

LE TIGRE

虎

Le Tigre est l'incarnation du magnétisme animal. Chef dans l'âme, il aime la compétition et se bat volontiers. Il est difficilement influençable et son autorité naturelle est rarement contestée.

Le Tigre stimule ses proches par sa conversation brillante où il expose sans cesse des idées nouvelles, et par sa simple présence physique : son allure extérieure doit pouvoir intimider celui qui n'a pas assez confiance en lui.

Le Tigre sait faire preuve de courage, de témérité et même de fougue. Il est chaleureux et sincère, ardent en amour. Les conventions ne le gênent pas. Puisqu'il est le symbole de la virilité, les Chinois ont tendance à se méfier des femmes nées l'année du Tigre : une femme Tigre posséderait toutes les qualités pour diriger un mouvement féministe !

Le Tigre a le goût du défi, ce qui est très utile dans les affaires. Il obtient plus de résultats par l'agressivité que par la diplomatie. Il a le sens du commerce et sait diriger le personnel. Sa carrière se poursuit sans heurts. Attention ! Il se fait facilement des ennemis.

SYMBOLISME DU TIGRE 虎

Le Tigre occupe une place de choix dans le folklore chinois. Sa force et sa brutalité sont terrifiantes, même pour les esprits. Autrefois on dessinait souvent son image sur les murs extérieurs des maisons, pour éloigner le démon de la maladie, et dans les tribunaux, pour écarter l'esprit de corruption ou d'injustice. Les jeunes garçons portaient dans certaines occasions des costumes et des masques de tigre. Ainsi dévoués au dieu, ils pouvaient espérer recueillir un peu de son courage. Sa fourrure est des plus luxueuses ; Hsuan Tan, le dieu de la richesse, est quelquefois représenté à cheval sur un de ces félins.

Pour les Chinois, il est le roi des animaux. Le lion est peu connu chez eux. On le pense végétarien et, encore aujourd'hui, on donne aux lions des cirques des feuilles de laitue pour les récompenser d'avoir bien travaillé.

Les années du Tigre

et leurs éléments

8 fév. 1902 - 28 jan. 1903	*Eau*
26 jan. 1914 - 13 fév. 1915	*Bois*
13 fév. 1926 - 1er fév. 1927	*Feu*
31 jan. 1938 - 18 fév. 1939	*Terre*
17 fév. 1950 - 4 fév. 1951	*Métal*
5 fév. 1962 - 24 jan. 1963	*Eau*
23 jan. 1974 - 10 fév. 1975	*Bois*
9 fév. 1986 - 28 jan. 1987	*Feu*
28 jan. 1998 - 15 fév. 1999	*Terre*

L'ANNÉE DU TIGRE

Personne ne sera surpris d'apprendre que l'année du Tigre est une ère de grands bouleversements. Certains connaîtront le succès, d'autres, l'échec. Elle correspond en politique à une période transitoire. Il est étrange de constater que les deux guerres mondiales ont commencé une année du Tigre. Le temps n'est pas épargné : ouragans et cyclones seront nombreux et violents.

Sur un plan individuel, l'audace marquera cette année tout comme l'imprudence, que certains prendront pour du courage. C'est le temps des actions d'envergure, des gros paris et des vastes projets. Le temps, aussi, d'évoquer ce proverbe chinois : « Celui qui chevauche un tigre a du mal à mettre pied à terre. » Pour les protégés du Tigre, l'année promet d'être fructueuse. Les autres risquent de souffrir d'isolement.

Période dangereuse en ce qui concerne la santé qui devra faire l'objet de soins vigilants. La force du Tigre sera bénéfique aux sportifs, mais le danger d'un accident est omniprésent.

D'une façon générale, l'année du Tigre n'est pas une année de chance. Les spéculations et autres opérations financières sont déconseillées. Les parieurs ne pourront pas faire confiance aux favoris.

L'année du Tigre réserve pourtant des surprises aux romantiques qui ont des chances de vivre de folles passions.

INTERFÉRENCE DES SIGNES ANIMAUX DANS L'ANNÉE DU TIGRE

Le Rat 鼠

Année pleine d'imprévus pour les natifs du Rat qui connaîtront à la fois le découragement et l'exultation. Ils feront preuve d'une activité intense, voyageront beaucoup. En cette période d'harmonie entre les signes du Tigre et du Rat, ceux qui sauront se mettre en avant seront privilégiés. Il est vivement déconseillé d'attendre sans rien faire que les choses se passent. Les Rats devront saisir les occasions aux bons moments.

Le Bœuf 牛

Bien que le signe astral du Bœuf et celui du Tigre ne soient pas compatibles, les Chinois disent qu'« un Bœuf peut tuer deux Tigres » ! En effet, le Bœuf est le seul signe chinois capable de surmonter les influences néfastes du Tigre et de résister à la tentation de l'argent. Le conflit existe pourtant, combat permanent contre les contrariétés et les tracas sans fin. Le Bœuf est capable néanmoins de vaincre toutes les difficultés.

Le Tigre 虎

Année idéale pour le Tigre qui connaîtra de nombreux succès. Il aura dans l'ensemble beaucoup de chance, pourra aller de l'avant puisque les contraintes de l'année précédente ont disparu. Le danger d'un enthousiasme excessif existant, il doit se souvenir qu'une phase aussi bénéfique ne durera pas et tirer parti des avantages qu'offre cette année en prévision de temps plus difficiles.

Le Lièvre 兔

Le Lièvre est le signe complémentaire du Tigre, le *Yin* par rapport au *Yang* du Tigre. Les Lièvres devront regarder vers l'avenir car l'année prochaine sera meilleure. Ils pourront cependant profiter des miettes laissées par le Tigre, en d'autres termes, dans cette période relativement calme ne pas laisser se perdre les bénéfices. Ses amis lui causeront parfois peine et soucis car il est souvent mêlé de trop près à leurs affaires. Courage ! Les choses s'arrangeront d'elles-même avant la fin de l'année. Période propice à l'élaboration de projets qui pourront être développés plus tard.

Le Dragon 龍

Sur le plan astral, le Dragon et le Tigre sont en harmonie, ce qui présage une année favorable. Le Dragon devra savoir saisir sa chance dans sa vie professionnelle et sentimentale. Les excès sont permis en ce qui concerne les dépenses d'argent. Malheureusement ses proches, pour qui la vie est plus difficile, ne ménageront pas leurs critiques. Des alliances pourront se révéler dangereuses. Les natifs du Dragon auront la possibilité de voir se réaliser leurs ambitions mais s'apercevront, un peu tard, que certains mérites ne s'acquièrent que par le travail.

Le Serpent 蛇

L'alliance du Serpent et du Tigre n'est pas très favorable. L'année risque d'être difficile. Tout autour de lui, le Serpent constatera une grande activité. Il risque de se sentir un peu à l'écart, ce qui n'est pas forcément mauvais car il n'a rien à perdre en cette période de transition. Les Serpents les plus en vue essuieront peut-être quelques échecs. Les idées nouvelles et les ébauches de projets n'ont pas beaucoup de chances d'être reconnues. La méfiance est conseillée dans tous les domaines.

Le Cheval 馬

L'année apparaît comme très favorable aux natifs du Cheval qui brilleront en société et dans leur travail. Période prospère, plus propice aux hommes qu'aux femmes. Malheureusement, les activités sociales coûtent cher ; les Chevaux devront certainement entamer leurs réserves.

La Chèvre 羊

Période assez neutre pour la Chèvre. Personnalité complexe, elle aura tendance à trouver que sa route ne l'emmène nulle part. Peut-être devra-t-elle prendre seule des décisions importantes, car les autres sont avares de conseils. Cette année lui offre cependant des possibilités d'aventures qui valent la peine d'être tentées.

Le Singe 猴

Pendant l'année du Tigre le *T'ai Sui*, ou point de repère des années, se situe dans un secteur du ciel opposé à celui du Singe, ce qui engendre une période d'instabilité pour les natifs de ce signe. Peu motivés, ils risquent des crises de dépression mais qu'ils se rassurent ! Cette phase est temporaire. Ils doivent rester à l'écart et laisser les autres se débattre avec les difficultés.

Le Coq 鷄

Assez bonne année dans l'ensemble pour le Coq qui se trouve dans une position intermédiaire, ni en harmonie, ni en opposition avec le Tigre. Il trouvera de nombreuses occasions pour préparer des nouveaux projets à long terme dans son travail et dans sa vie sentimentale.

Le Chien 犬

La chance suivra le Chien tout au long de l'année. Il bénéficiera de conditions très favorables dans sa vie professionnelle et verra des possibilités d'avancement. La vie sociale sera plus active et plus riche que d'habitude. Côté cœur, il vivra des moments inoubliables. Année propice aux voyages.

Le Cochon 豬

L'année ne s'annonce pas facile pour les natifs du Cochon. Plutôt casaniers, ils auront à affronter l'agitation extérieure. Ils rencontreront des difficultés sur le plan personnel et risquent de connaître certains problèmes ayant un rapport avec la construction de leur maison. Pour faire face à leurs dépenses excessives, ils doivent puiser dans leurs économies. Aussi leur est-il déconseillé d'accepter de nouvelles responsabilités, du moins tant que cette période pénible ne sera pas terminée.

LE LIÈVRE

Le Lièvre ne peut pas vivre seul. Il a besoin d'appartenir à un groupe et ne se sent en sécurité que s'il est bien à l'abri. A l'extérieur de son cercle, il fait preuve d'une certaine réserve et souvent, de timidité. Un Lièvre est toujours indépendant, même au sein de sa tribu, et attire souvent l'attention des autres, bien que peu extraverti. Une position sociale en vue ne l'empêche pas de garder ses distances avec les autres.

Le Lièvre est docile, souvent humble. Il sait faire des efforts pour éviter les heurts et apprécie la compagnie de ses amis. Malgré sa légère tendance aux commérages il est gentil, bienveillant, excelle dans l'art de la conversation, aime la lecture et la recherche littéraire. S'il paraît quelquefois un peu trop bon, il sait se montrer très courageux face au danger.

兔

Doué par tradition d'une vue perçante, le Lièvre est un excellent juge de caractère et reconnaît d'instinct la sincérité ou le mensonge. Très sensible dans ses relations personnelles, il ressent très fortement les critiques.

Selon une croyance populaire, le Lièvre posséderait la recette de l'élixir de vie ; en conséquence, les natifs du Lièvre sont souvent de bons guérisseurs.

LE SYMBOLISME DU LIÈVRE 兔

Des légendes étranges se rapportent au Lièvre. Dans l'une des plus connues et des plus significatives, il habite la Lune avec un crapaud à trois pattes ; tous deux sont immortels. Le Lièvre (ou le Lapin, le mot est le même dans la langue chinoise) évoque par ses grands yeux une vue perçante. C'est en partie la raison pour laquelle il est censé posséder, selon la tradition, la recette de l'élixir de vie. (D'anciens tableaux représentant le paradis dépeignent le Lièvre de la Lune tapant sur une jarre d'herbes magiques.)

Aujourd'hui encore, il reste très populaire chez les enfants chinois. On le fête lors du festival des lanternes, le quinzième jour du huitième mois, lorsque la lune est très brillante.

Les années du Lièvre

et leurs éléments

29 jan. 1903 - 15 fév. 1904	*Eau*
14 fév. 1915 - 2 fév. 1916	*Bois*
2 fév. 1927 - 22 jan. 1928	*Feu*
19 fév. 1939 - 7 fév. 1940	*Terre*
6 fév. 1951 - 26 jan. 1952	*Métal*
25 jan. 1963 - 12 fév. 1964	*Eau*
11 fév. 1975 - 30 jan. 1976	*Bois*
29 jan. 1987 - 16 fév. 1988	*Feu*
16 fév. 1999 - 4 fév. 2000	*Terre*

L'ANNÉE DU LIÈVRE

C'est l'année de la diplomatie et de la persuasion par la douceur. Ce n'est pas le bon moment pour se mêler des affaires des autres, il pourrait en résulter des conflits et des brouilles. En revanche, la période est idéale pour les transactions de toute nature, du simple transfert d'autorité aux gros contrats.

Pas de véritables bouleversements sur le plan politique. Les révolutions ont éclaté l'année précédente — l'année du Tigre. C'est plutôt une période de prise de conscience des droits de l'homme : on se tournera vers les victimes de l'injustice et des mauvais traitements. Au niveau international, on prendra des mesures pour aider les moins favorisés.

Parce qu'il détient le secret de l'élixir de vie, le Lièvre est censé connaître les plantes médicinales et les remèdes. L'année du Lièvre est donc une période faste pour le développement de l'industrie pharmaceutique, cosmétique et tout ce qui concerne les herbes, les médicaments, les préparations d'origine végétale. L'intérêt pour les médecines parallèles ira croissant.

L'accent sera mis sur la vie de famille. Il y aura de bonnes surprises pour ceux qui souhaitent agrandir la leur. Que les autres soient prudents !

En ce qui concerne la santé, cette année devrait être celle de la récupération. Il faudra se méfier des dangers de dépendance des médicaments.

INTERFÉRENCE DES SIGNES ANIMAUX DANS L'ANNÉE DU LIÈVRE

Le Rat 鼠

Il aura à se battre pour suivre son chemin tout au long de cette année. Peu de chances pour lui de percer ! Il vivra sur l'avance acquise l'année dernière et son meilleur atout sera la patience. Il connaîtra quelques déceptions sentimentales et devra ménager ses amis.

Le Bœuf 牛

Assez bonne année pour le Bœuf qui observera des progrès notables dans tous les domaines. Sa vie sentimentale traversera une période de chance exceptionnelle. En revanche, côté finances, les gains seront modestes. Les Bœufs atteints de maladies chroniques verront leur état s'améliorer.

Le Tigre 虎

Singulière année pour les Tigres qui ne devraient pas rencontrer de grands changements, mais traverseront une période d'activité stimulée par quelques-uns des événements majeurs de l'année du Tigre qui vient de s'écouler. Ils connaîtront ainsi un regain d'énergie. L'année sera favorable à leurs finances et à leurs relations avec les autres qui deviendront plus solides. Les Tigres vont trouver de nombreuses occasions de détente physique et morale.

Le Lièvre 兔

C'est son année, et donc la meilleure possible pour les natifs de ce signe qui connaîtront un regain de vigueur et de confiance en eux. Ils verront la vie sous un angle nouveau parce que leur position sera plus intéressante. Sont favorisés avant tout ceux qui occupent des postes de responsabilités, ainsi que les romantiques. La période est propice à de nombreuses réunions de famille très gaies. Excellente année, à tous points de vue !

Le Dragon 龍

Année moyenne pour le Dragon, période de transition entre deux phases très actives : l'année précédente et celle à venir. Pas d'événements marquants. Année stable, propice au recouvrement sous toutes ses formes.

Le Serpent 蛇

Le Serpent, grand amateur de scandales, est en position dangereuse cette année. Laissant de côté sa prudence habituelle, il se trouvera impliqué dans une intrigue qui risque de ternir sa réputation. Rusé comme toujours, le Serpent saisira cette occasion pour renforcer considérablement son capital social. Les finances seront florissantes. L'année profitera surtout aux Serpents de la mode, de la beauté et des arts décoratifs.

Le Cheval 馬

Année de labeur pour le Cheval ; une année d'efforts, plus que de récompenses, riche en événements sociaux, moins faste pour les affaires. Sa vie sentimentale sera jalonnée d'aventures brèves qui laisseront peu de bons souvenirs. Côté santé, une tendance à la lassitude et à la dépression indiquent probablement le besoin de sortir de l'ennui du moment.

La Chèvre 羊

Excellente année pour la Chèvre qui connaîtra le succès sous toutes ses formes et l'accomplissement de ses désirs. Année propice aux affaires et à la carrière, promesse d'avancement. Les Chèvres qui envisagent le mariage ne sauraient trouver meilleur moment pour convoler et les couples qui souhaitent attendre pour fonder leur foyer pourraient voir leurs plans contrariés de façon tout à fait inattendue...

Le Singe 猴

Année moyenne pour le Singe, ni bonne ni mauvaise. Activité réduite, vie sociale plutôt calme. Ce n'est pas le moment de prendre des risques. Rien d'intéressant non plus sur le plan financier ou sentimental. Seuls les créatifs et les intellectuels y trouveront quelque avantage.

Le Coq 鷄

Année passable pour les natifs du Coq qui en connurent de bien meilleures. Argent et chance ne sont pas compatibles dans le ciel. Les Coqs se sentiront frustrés. On ne peut que leur conseiller patience et prudence. Heureusement, cette phase est provisoire. Il serait prudent, pourtant, de réfléchir sur le présent et d'envisager quelques projets pour le futur, au lieu de se laisser embarrasser par des situations compliquées, simplement parce que rien de plus intéressant ne se présente actuellement. Les Coqs devront prendre patience ; l'avenir promet d'être meilleur.

Le Chien 犬

Le Chien vit encore sur sa lancée de l'année dernière. De nombreux projets arrivent au stade de la réalisation. Certains Chiens, récemment mariés, envisageront un déménagement suite à l'agrandissement de leur famille.

Le Cochon 豬

Excellentes perspectives pour les natifs du Cochon. La famille est toujours placée en avant, l'année sera probablement fertile en joyeuses réunions. Un déménagement n'est pas exclu vers une nouvelle maison plus belle et mieux placée. Période idéale pour des vacances réussies. Prospérité dans les affaires ; financièrement, la situation est bonne. Les Cochons artistes, plus spécialement les peintres, peuvent s'attendre à un succès croissant.

LE DRAGON

Grand amateur d'exotisme, le Dragon est un des personnages les plus extravertis du calendrier astrologique chinois. Élégants, toujours à l'affût des dernières tendances, les natifs du Dragon sont souvent à l'avant-garde de la mode en sachant toutefois garder leur personnalité.

Le Dragon est doué d'une imagination très fertile et prépare sans cesse de grandes aventures, souvent irréalisables. Personnage d'humeur changeante, il peut quelquefois décevoir ses amis et semer la confusion dans son travail. Il devra s'entourer de gens solides, capables de rattraper ses maladresses. Fort et d'allure décidée, souvent déterminé à suivre une piste intéressante qui malheureusement ne mène nulle part, le Dragon pourrait s'enrichir s'il savait économiser.

龍

Le signe du Dragon témoigne d'un grand intérêt pour tout ce qui est mystérieux, comme le surnaturel ou l'occultisme. Les Dragons sont favorisés par la chance qui disparaît dès qu'un Lièvre s'approche d'eux.

Les Dragons aiment aussi qu'on les admire. Ils recherchent dans les affaires et dans leur vie sociale les places de premier ordre. Ils réussiront surtout dans les métiers du spectacle et d'une façon plus générale, dans les carrières où ils trouveront de nombreux contacts humains.

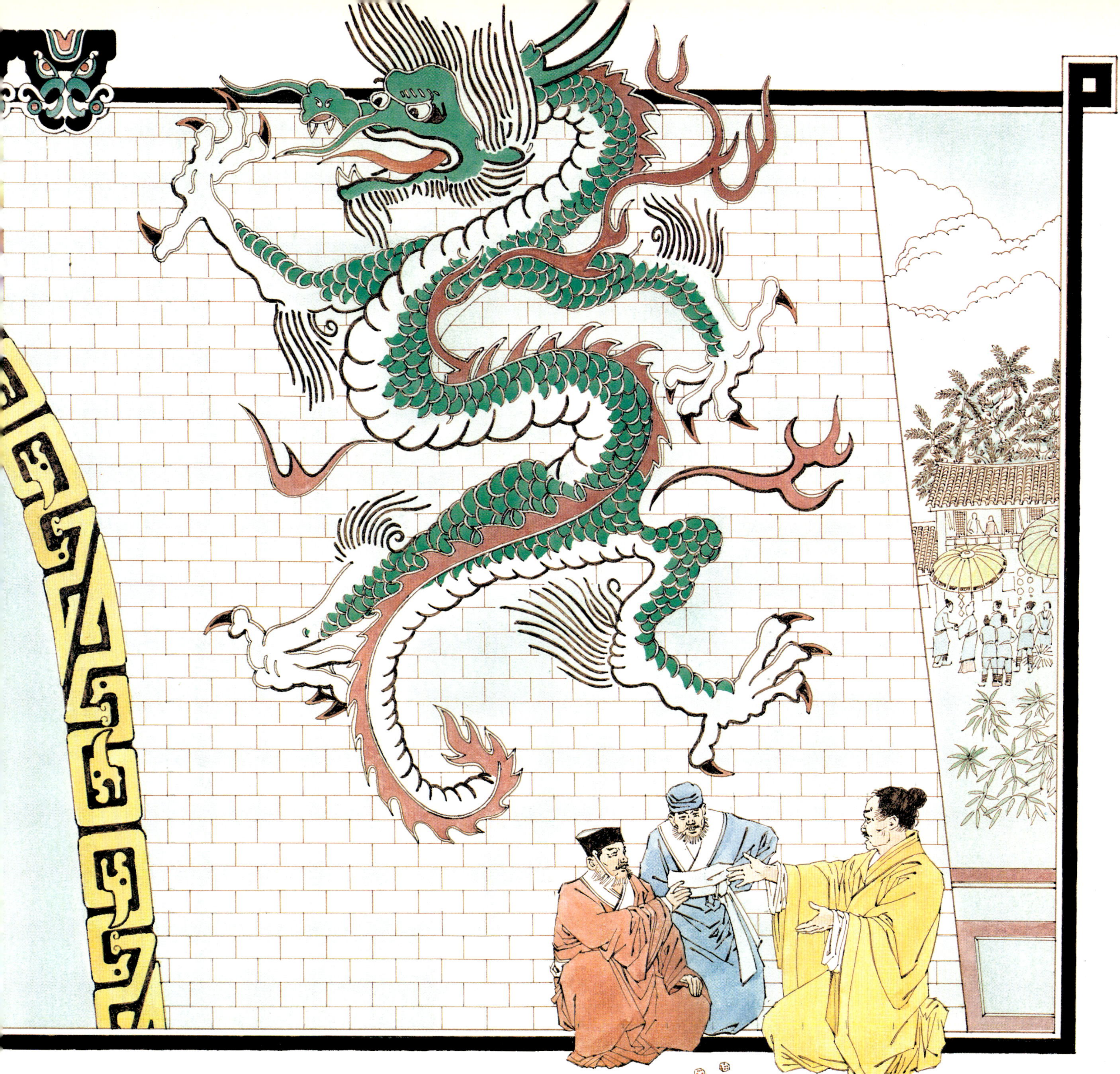

LE SYMBOLISME DU DRAGON 龍

Le Dragon est le seul animal d'origine mythologique parmi les douze animaux du cycle chinois. Créature née de l'imagination et n'existant que dans les rêves, il s'intègre difficilement au groupe.

Autrefois, le Dragon avait une importance capitale dans le calendrier chinois. Le Grand Dragon du Printemps était une des cinq plus grandes constellations ; son apparition dans le ciel annonçait le début des pluies de printemps. Ainsi le Dragon fut-il associé à l'eau et aux inondations.

En conséquence, les astrologues de ce temps-là considéraient que lié à la pluie, le Dragon, loin d'être nuisible, représentait la force vitale et pouvait devenir l'emblème de la royauté, du pouvoir et de la richesse.

Les années du Dragon

et leurs éléments

16 fév. 1904 -	3 fév. 1905	*Bois*
3 fév. 1916 -	22 jan. 1917	*Feu*
23 jan. 1928 -	9 fév. 1929	*Terre*
8 fév. 1940 -	26 jan. 1941	*Métal*
27 jan. 1952 -	13 fév. 1953	*Eau*
13 fév. 1964 -	1er fév. 1965	*Bois*
31 jan. 1976 -	17 fév. 1977	*Feu*
17 fév. 1988 -	5 fév. 1989	*Terre*

L'ANNÉE DU DRAGON

Le Dragon symbolise la fertilité. Il est par essence le signe de la création et de l'innovation. L'année du Dragon sera donc propice aux opérations hardies, aux projets audacieux et aux coups d'éclat. Les artistes, plus spécialement les acteurs de théâtre, peuvent s'attendre à une période riche en activités culturelles. C'est un bon moment pour les réunions d'amis et pour les fêtes. Le Dragon, associé à l'astronomie, promet de nouvelles découvertes très intéressantes en cosmologie.

En politique, c'est le temps des grands programmes originaux et controversés si les finances publiques peuvent en assumer les dépenses. En revanche, dans le cas d'une économie faible, on mettra tout en œuvre pour renflouer les caisses de l'État. Le Dragon symbolise aussi le mystique et l'occulte. De nouvelles sectes vont peut-être voir le jour et attireront sur elles beaucoup d'attention. Le temps n'est pas au conventionnel ; la chance sourit davantage à l'excentrique et au téméraire. Des résolutions étranges peuvent se révéler meilleures que prévu. En fait, plus les projets sont fous, plus leur chances de succès seront grandes.

Le Dragon est associé aussi au risque. C'est pourquoi ceux qui ont l'intention de voyager dans des pays lointains isolés, ou ceux qui exercent un métier dangereux devront prendre toutes les précautions pour ménager leur santé.

INTERFÉRENCE DES SIGNES ANIMAUX DANS L'ANNÉE DU DRAGON

Le Rat 鼠

La période s'annonce faste pour les natifs du Rat. Le Dragon magique qui symbolise la royauté et la richesse apporte des chances d'avancement, d'affaires florissantes, de succès personnels et de prospérité générale pendant au moins deux ans. C'est le moment idéal pour risquer des aventures un peu folles.

Le Bœuf 牛

Avec son solide sens pratique, le Bœuf ne peut pas s'intéresser aux projets étranges et participer aux entreprises hasardeuses de l'année du Dragon. Voir l'autorité ou les années d'expérience évincées par quelque caprice nouveau le met hors de lui. Patience...

Le Tigre 虎
Année mouvementée pour le Tigre qui devra faire de grands bonds pour éviter les obstacles placés sur sa route. Il va traverser une période de dangers, d'intrigues et de conflits dont il sortira grandi. Sa santé sera bonne, quelques ennuis mineurs sont cependant possibles. Côté cœur, une liaison tapageuse risque de marquer cette année.

Le Lièvre 兔
Année jalonnée de pièges : le Lièvre devra avancer avec précaution s'il veut éviter les aventures risquées et suspectes. Il lui faudra rester dans le droit chemin pour mener à bien ses affaires et sa vie privée. Quelques soucis sont à craindre au sujet de la santé des enfants.

Le Dragon 龍
Les Dragons connaîtront une année exceptionnelle, surtout sur le plan personnel. Les plus favorisés seront ceux qui travaillent dans le domaine du spectacle. Le Dragon, personnage romantique, vivra de nombreuses aventures sentimentales. Peut-être le partenaire idéal entrera-t-il en scène avant la fin de l'année ? Côté finances, une période mouvementée sera suivie d'une autre, plus calme. S'il existe quelques risques d'incidents en ce qui concerne la santé, aucune maladie grave n'est à craindre.

Le Serpent 蛇
C'est le début d'une période d'aventures pour le Serpent. Il sera tenté de se surpasser, mais ce n'est pas le bon moment pour mettre en pratique ses idées ambitieuses. Ses collègues de travail et ses associés seront de bon conseil. En affaires, le Serpent devra se montrer prudent et étudier soigneusement toutes les propositions. D'un point de vue général, il lui est conseillé de rester en retrait et de réfléchir.

Le Cheval 馬
L'année s'annonce très enrichissante pour les natifs du Cheval, avec des voyages à l'étranger et une foule de projets passionnants. Des changements de situation dans leur vie professionnelle vont les amener à des postes de responsabilités. Toutes sortes de perspectives nouvelles vont s'offrir à eux. Seront-ils assez forts pour résister à la tentation d'opérations financières pas toujours très honnêtes, ou à l'attrait d'une infidélité sentimentale ?

La Chèvre 羊
L'année ne se présente pas très bien pour les natifs de la Chèvre. Ayant dû abandonner une routine bien établie, ils devront faire face à des difficultés inattendues. Dans les affaires, ils auront à s'adapter à une technologie nouvelle et à une législation inhabituelle. Risques de discorde dans la famille pour une raison curieuse et fortuite. Leur vie sociale, en revanche, va prendre une nouvelle dimension intéressante.

Le Singe 猴
Excellente année pour le Singe à qui la chance sourit de tous côtés. Ses capacités sont enfin reconnues et il va trouver de nouvelles satisfactions personnelles. Ceux qui travaillent dans l'industrie vont participer au lancement de nouveaux produits. La santé du Singe sera bonne dans l'ensemble. Il voyagera peu mais sa vie sentimentale sera marquée par une liaison inattendue qui se révélera sincère et durable.

Le Coq 雞
Année constructive et créative pour le Coq, bien meilleure que la précédente. L'influence du Dragon, stimulante, lui donnera l'impression d'être délivré d'un fardeau. Regain de confiance en lui et vie sociale très riche.

Le Chien 犬
Pas d'événements marquants cette année pour le Chien qui devra pourtant se protéger des agressions extérieures et surmonter de nombreux obstacles. Le risque d'une déception sentimentale existe. Quelques inquiétudes sont à craindre en ce qui concerne les finances. Heureusement, cette période un peu difficile ne sera pas longue et quelques beaux voyages viendront l'agrémenter.

Le Cochon 豬
Année moyenne pour les natifs du Cochon. Période stable dans la vie professionnelle et sentimentale. Quelques phases passagères plus animées provoqueront l'étonnement de leur entourage et feront naître certains commérages qui ne laisseront pas de traces durables. Le Cochon coulera des jours heureux en famille. Beaucoup de satisfactions dans les activités culturelles.

LE SERPENT

En astrologie, le Serpent est le compagnon du Dragon, son *Yin*, et partage le même caractère exotique tout en étant plus réservé et plus raffiné. Ses manières sont plus insinueuses qu'extraverties. Il est un adepte de la finesse et de la légèreté et de tout ce qui concerne le goût et le style ; il préfère l'élégance des lignes à l'audace des couleurs.

Les Serpents arrivent souvent au sommet en demandant à ceux qui sont bien placés de les tirer, sans toutefois gêner les autres. Pour eux, il est important d'arriver au bon endroit au bon moment.

Le Serpent prend souvent plaisir à faire croire à ses amis qu'il sait tout sur un sujet qu'en réalité il connaît à peine, sans aller jusqu'au mensonge parce qu'il possède un sens aigu de la propriété. Il lui arrive de jouer un double jeu si l'occasion s'en présente.

Il aime le scandale et peut le provoquer simplement pour la satisfaction de voir les autres dans l'embarras.

Le Serpent a l'esprit de synthèse et une aptitude à la recherche sous toutes ses formes. Il sait très vite reconnaître ce qui est important. Un peu plus de douceur serait cependant bénéfique à sa vie familiale et sociale.

LE SYMBOLISME DU SERPENT 蛇

Le Serpent forme avec son signe complémentaire la Maison du Mystère. Le Dragon en est le magicien aux couleurs vives et le Serpent, le mystique contemplatif. Le secret est lié à ce mysticisme et le Serpent est associé de près aux complots de toute nature, aux scandales et à la corruption. En chinois, le terme « long serpent » signifie intrigue.

D'un côté plus positif, le Serpent apparaît comme gardien d'un trésor et certains Chinois considèrent comme néfaste le geste de tuer un reptile aux alentours de leur maison. Peut-être est-il porteur de bons présages ?

Les années du Serpent

et leurs éléments

4 fév. 1905 - 24 jan. 1906	*Bois*
23 jan. 1917 - 10 fév. 1918	*Feu*
10 fév. 1929 - 29 jan. 1930	*Terre*
27 jan. 1941 - 14 fév. 1942	*Métal*
14 fév. 1953 - 2 fév. 1954	*Eau*
2 fév. 1965 - 20 jan. 1966	*Bois*
18 fév. 1977 - 6 fév. 1978	*Feu*
6 fév. 1989 - 26 jan. 1990	*Terre*

L'ANNÉE DU SERPENT

Il nous faut maintenant reconsidérer les événements de l'année du Dragon, ce qui veut dire tourner le dos aux situations très tendues et revoir les projets qui sont sur le point de parvenir à leur réalisation.

D'un point de vue général, l'année sera stable et plutôt calme, troublée seulement par quelques intrigues de second ordre. Dans la vie personnelle, il est imprudent de se diriger vers des activités qui pourraient donner libre cours à la médisance.

L'année du Serpent est assez dangereuse pour les gouvernements qui devront se méfier non seulement des élections et des révolutions mais aussi de leurs adversaires politiques. Quelles que soient cependant les conspirations qui les menacent, l'année du Serpent annonce aussi une amélioration de leur situation financière.

Sur un plan social, cette période est marquée par une prise de conscience plus digne des besoins de l'environnement : une guerre écologique sera menée contre la pollution industrielle.

Plus généralement, c'est un temps de raffinement dans les arts. Il se traduira par la recherche de la grâce, de l'élégance et de la pureté des lignes, à l'inverse de la surcharge et des couleurs voyantes qui sont souvent l'apanage du Dragon.

INTERFÉRENCE DES SIGNES ANIMAUX DANS L'ANNÉE DU SERPENT

Le Rat 鼠

Année de progression limitée pour les natifs du Rat. Les choses iront moins vite que précédemment mais les projets arriveront à réalisation. Le Rat devra pourtant se montrer patient car l'avenir peut lui réserver des jours encore plus difficiles.

Le Bœuf 牛

L'année du Serpent est bénéfique au Bœuf qui verra des occasions de se mettre en avant dans la vie sociale grâce à de nouveaux amis et à ses récentes expériences. Période propice aux projets financiers, promesses de réussite dans les autres domaines. Ceux qui pensent au mariage ont des chances de voir leur projet se concrétiser avec un partenaire nettement plus jeune.

Le Tigre 虎

L'année sera difficile pour les Tigres qui n'ont pas l'habitude de se laisser importuner. Les problèmes se présenteront essentiellement sous une forme administrative et légale. Il pourrait advenir une source de dépenses imprévues : peut-être une aide à un parent, ou une affaire plus ou moins louche qui coûtera très cher. Beaucoup de soucis cette année pour le Tigre qui devra ménager sa santé. Heureusement quelques rentrées d'argent sont prévues.

Le Lièvre 兔

L'année s'annonce bonne pour le Lièvre. Un budget bien géré lui permet maintenant quelques opérations financières judicieuses. Dans sa vie privée, il est cependant moins prudent et peut prêter à la critique. Apparemment, il s'en moque.

Le Dragon 龍

Cette année verra la réalisation de tous les plans préparés antérieurement, y compris ceux qui n'avaient pas été bien accueillis au départ. Quelques-uns s'avèrent de bons placements. La chance sourit au Dragon qui pourra malgré tout trouver cette année assez monotone.

Le Serpent 蛇

Année exceptionnelle pour le Serpent qui peut entreprendre de grandes réalisations. Ses ambitions se situent davantage sur un plan social que sentimental ou professionnel. Il est enfin reconnu pour ce qu'il est vraiment et sera introduit auprès de gens plus importants que lui. Les Serpents qui travaillent dans le spectacle recevront d'excellentes critiques. Leur situation financière va s'améliorer, les affaires seront plus saines. Les femmes qui font carrière sont spécialement privilégiées.

Le Cheval 馬

Année moyenne pour le Cheval qui avancera très lentement. Phase de stabilité, plus que d'expansion, où il pourra cependant préparer solidement ses transactions futures. En affaires, les perspectives sont plutôt calmes. La vie sentimentale du Cheval risque d'être marquée par la jalousie. La période est propice aux transformations dans la maison.

La Chèvre 羊

Année heureuse sur tous les plans pour la Chèvre. Un voyage en groupe est probable, dans un but bien précis : un projet de recherche ou une signature de contrat. Peut-être la Chèvre va-t-elle militer au sein d'une association ou s'engager dans un travail bénévole ? Les musiciens connaîtront une période très enrichissante et créative.

Le Singe 猴

Le Singe devra se montrer particulièrement prudent cette année ; les méthodes qui ont été couronnées de succès dans le passé se révèlent maintenant inefficaces et le Singe rencontrera de solides oppositions dans sa vie sociale et professionnelle. Les résultats de son travail seront en dessous de l'estimation prévue et quelqu'un d'autre va peut-être bénéficier à sa place de la promotion qu'il avait espérée. Sa vie privée sera jalonnée d'embûches et une infidélité pourrait mener à une rupture.

Le Coq 鷄

Année exceptionnelle pour le Coq car le Serpent partage ses préférences et ses priorités. Normalement très direct, le Coq pourrait maintenant adopter les méthodes du Serpent : tact et discrétion lui permettront d'avancer plus facilement dans le territoire ennemi. La vie sentimentale est particulièrement favorisée cette année et la situation financière reste stable.

Le Chien 犬

Année moyenne pour le Chien, avec pourtant l'assurance d'une certaine sécurité sur le plan financier. Heureusement, la situation générale va peu à peu devenir plus stable. La vie sociale est dans une période faste, idéale à l'élaboration de nouveaux projets à court terme. En revanche, les programmes de grande envergure sont déconseillés.

Le Cochon 豬

La vie familiale du Cochon risque d'être assez mouvementée cette année. Son foyer uni pourrait éclater sous l'influence de certains proches peu scrupuleux. Les parents nés l'année du Cochon vont traverser une période où ils s'inquiéteront beaucoup pour leurs enfants. Leur santé pourrait aussi leur causer des soucis. Côté argent, tout n'est pas pour le mieux. Peut-être faudra-t-il toucher à ses économies ? Mais le Cochon, énergique et robuste, viendra à bout de toutes ces difficultés.

LE CHEVAL

En Extrême-Orient, certaines années du Cheval ont engendré des tyrans, des révolutionnaires et des dévastateurs qui n'avaient d'autre but que de toujours vouloir aller de l'avant. Heureusement, tous les gens nés en 1906 ou en 1966 ne sont pas des Attila ou des Gengis Khan, mais d'une façon générale les natifs de ces années-là sont souvent des êtres exceptionnels.

Homme ou femme, le Cheval aime la compagnie de ses semblables. Il craint quelquefois le sexe opposé qui l'intimide, mais qu'il l'aime ou non, jamais il ne lui demandera de l'aide.

Sportif et sociable à la fois, le Cheval est exactement le genre de personne pour qui les clubs ont été créés. Il s'intéresse à la compétition et préfère les sports d'équipe aux sports individuels, peut-être parce qu'il attache beaucoup d'importance à sa place dans la société. Le Cheval a besoin de remporter des succès et de se sentir entouré pour avoir confiance en lui.

Les Chevaux sont de beaux parleurs, à l'aise dans les salons, jamais à court de conversation, avec parfois un peu de lenteur dans les idées. Toujours au courant des dernières nouvelles, ils écoutent volontiers les autres. Ils ont souvent des préjugés très ancrés dont ils se débarrassent difficilement.

Leur grande force réside en leur contact humain très chaleureux. Quelle que soit la carrière qu'ils auront choisie, ils y trouveront toujours des amis.

馬

LE SYMBOLISME DU CHEVAL 馬

Le Cheval est l'un des trois signes masculins prédominants de l'astrologie chinoise, les autres étant le Tigre et, à un degré moindre, le Singe. Alors que le Tigre représente le côté agressif et guerrier de l'être humain, le Cheval symbolise les désirs et les souhaits généralement considérés comme virils.

Ce n'est pas par hasard que les astrologues de la Chine ancienne avaient donné à l'année du Cheval des attributs masculins : l'heure du Cheval tombe en plein midi et le mois du Cheval est celui du solstice d'été. A ces deux moments-là le Soleil, emblème de la force *Yang*, est à son zénith.

Les années du Cheval

et leurs éléments

25 jan. 1906 - 12 fév. 1907	*Feu*
11 fév. 1918 - 31 jan. 1919	*Terre*
30 jan. 1930 - 16 fév. 1931	*Métal*
15 fév. 1942 - 4 fév. 1943	*Eau*
3 fév. 1954 - 23 jan. 1955	*Bois*
21 jan. 1966 - 8 fév. 1967	*Feu*
7 fév. 1978 - 27 jan. 1979	*Terre*
27 jan. 1990 - 14 fév. 1991	*Métal*

L'ANNÉE DU CHEVAL

C'est rarement une période de grands bouleversements, une année dont on se souvient. Elle annonce plutôt la consolidation du statut actuel, amenant une plus grande stabilité.

Sur la carte astrologique, le Cheval se trouve juste en face du Rat. En conséquence, le Rat est le créateur et le Cheval, le consommateur. L'année du Cheval est marquée par une période de grande activité sur les marchés mondiaux des affaires. L'industrie automobile, celle de l'habillement masculin, des articles de sport et les brasseries sont particulièrement favorisées.

L'année du Cheval peut annoncer aussi une détérioration à l'échelle nationale, probablement des scandales dus à la mauvaise gestion du gouvernement. Période où il faudra surveiller sa situation financière personnelle et s'assurer qu'on ne dépasse pas son budget.

Le Cheval robuste symbolise une forte constitution. En conséquence, l'année du Cheval stimulera l'intérêt pour la vie en plein air et l'exercice physique. C'est une période propice aux records, surtout en athlétisme.

La vie sociale promet d'être mouvementée, peut-être un peu compliquée, mais l'amour, le vrai, n'a pas une place capitale dans cette année typiquement masculine.

INTERFÉRENCE DES SIGNES ANIMAUX DANS L'ANNÉE DU CHEVAL

Le Rat 鼠

Pendant l'année du Cheval, le Rat, d'habitude inventif, ne pourra pas vraiment exposer ses nouvelles idées et s'en sentira frustré. La vie va soudain devenir une sorte de compétition où le Rat devra se battre pour rester à l'allure des autres, surtout des nouveaux venus. Il faudra surveiller de près les finances. La vie sociale ne promet rien de bon et le Rat devra peut-être rechercher de nouveaux partenaires.

Le Bœuf 牛

Les natifs du Bœuf risquent de connaître quelques déceptions cette année. Méthodiques presque à l'excès, ils aiment que tout soit en ordre autour d'eux. Malheureusement leurs plans pourtant bien menés risquent d'être anéantis par d'autres et ils devront recommencer à partir de zéro. La patience est une de leurs grandes qualités. L'application dont ils feront preuve leur sera très utile pour l'avenir. Côté cœur une liaison brève, mais sincère, est probable.

Le Tigre 虎

Excellente année pour les Tigres qui apprécient le sport et les voyages. Leur vie sociale promet d'être intéressante, surtout pendant l'été. Les Tigres qui ont professionnellement des contacts avec le public sont favorisés : davantage d'assurance, nouveaux contrats et récompenses diverses. Leur vie sentimentale traverse une période heureuse.

Le Lièvre 兎

Cette année apportera au Lièvre des satisfactions et des déceptions. Il va rencontrer beaucoup de nouveaux amis. Lui, qui d'ordinaire aime les mondanités, risque de les trouver dangereuses car sources de brouilles. D'un point de vue plus général, l'année sera stable avec pourtant, dans certains domaines, des progrès moins sensibles que d'habitude. Quelques peines de cœur à l'horizon, qui guériront vite.

Le Dragon 龍

Une année très active pour le bouillant Dragon qui trouvera des occasions pour réaliser ses ambitions personnelles. Les Dragons amateurs de théâtre vivront des moments inoubliables. Leur vie sociale, très active, leur apportera de nombreuses joies. Comme toujours, le Dragon dépensera son argent sans compter, un peu plus raisonnablement cependant cette année : il achètera des objets de valeur qui lui resteront. Sa vie sentimentale risque de traverser une période agitée à cause d'une liaison longue et orageuse avec un partenaire d'une origine sociale totalement différente de la sienne.

Le Serpent 蛇

Le Serpent va se trouver dans des situations curieuses au long de cette année. Sa voie est dans l'ensemble régulière, entrecoupée de quelques pièges. Les problèmes qu'il risque de rencontrer ne seront dus qu'à lui, à sa façon de se mêler de ce qui ne le regarde pas. Les affaires sont prospères, la situation financière, saine. Un projet de voyage à deux échouera certainement.

Le Cheval 馬

Un regain d'énergie devrait permettre au Cheval d'affronter le monde avec de nouveaux atouts durant cette année qui est la sienne. Période propice aux voyages et aux changements de domicile. La chance est de son côté. Comme ses finances sont bonnes, il entreprendra des spéculations très intéressantes.

La Chèvre 羊

Elle est le *Yin* complémentaire du *Yang* du Cheval. L'année s'annonce bonne, propice aux loisirs. Si elle a rencontré quelques difficultés d'ordre juridique, tout est maintenant rentré dans l'ordre. Sa vie sentimentale connaît des hauts et des bas.

Le Singe 猴

Année prometteuse pour les natifs du Singe, qui savent se montrer à la fois prudents et habiles. Période de chance favorable aux jeux d'argent et aux voyages. Peu de soucis dans l'ensemble.

Le Coq 鷄

Année moyenne pour le Coq. La vie familiale est au premier plan, avec son lot plus important que d'habitude d'événements, heureux ou malheureux. Le Coq souffrira dans ses relations avec les autres et dans sa vie sentimentale, qui traverse une période critique. En revanche, l'année sera bonne pour ceux qui sont engagés dans des affaires juridiques et ceux qui souhaitent acheter des terres.

Le Chien 犬

Le Chien et le Cheval sont de bons compagnons. Ils travaillent ou jouent souvent ensemble, aussi croit-on pouvoir affirmer que l'année du Cheval sera aussi favorable aux natifs du Chien. Un voyage est fort probable, soit pour des vacances bien méritées, soit pour affaires, ou pour les deux ensemble, puisque cette année, commerce et loisirs font bon ménage sur la carte astrologique.

Le Cochon 豬

L'année du Cheval se déroulera bien pour les Cochons. Aucun problème majeur, quelques surprises agréables. D'une façon générale, cette année est celle de la stabilité. Le Cochon, très actif, ne trouvera pas beaucoup de temps pour ses loisirs.

LA CHÈVRE

Les astrologues chinois considèrent la Chèvre comme l'incarnation de l'essence du *Yin*. C'est le plus féminin des signes animaux. On l'associe avec l'affection, l'amour des autres, la confiance et le dévouement.

Le côté positif de la Chèvre dévoile des talents artistiques qui apparaissent davantage dans sa dextérité manuelle que dans son originalité. La Chèvre se montre parfois exigeante, ce qui explique pourquoi sa créativité n'est pas complètement exploitée.

D'un naturel optimiste, elle essaie autant que possible d'éviter les conflits. Son caractère inoffensif est souvent doublé de persévérance. Sa diplomatie lui permet de réussir là où d'autres, plus directs, auraient échoué.

羊

La Chèvre se plaît dans un groupe. Rarement en tête, elle choisit de suivre les chefs mais n'aime pas qu'on lui donne des ordres, préférant la démocratie et la prise de décisions en commun. En temps de crise, on doit cependant lui montrer son chemin, même si elle offre une résistance.

La Chèvre fait souvent partie de groupements à buts sociaux, dans sa profession ou bénévolement. Son penchant pour les arts lui permet de réussir dans un métier manuel ou dans la musique. Il lui faut toutefois être très motivée, par exemple devoir nourrir une famille, pour faire preuve d'inventivité et d'application.

LE SYMBOLISME DE LA CHÈVRE 羊

La Chèvre est le signe complémentaire du Cheval. Ils forment ensemble la Maison du Genre.

L'astrologie chinoise prend ses racines dans un système social et une philosophie datant de trois mille ans. A cette époque, le fait de diviser en deux groupes, féminin et masculin, les traits de la personnalité, les modes d'action, les carrières, les objets et les lieux géographiques semblait logique et naturel. Aujourd'hui, de telles séparations sont de moins en moins possibles. Le sport et l'athlétisme ne sont plus réservés exclusivement aux hommes, pas plus que la méditation et la poésie ne sont l'apanage des femmes. En astrologie chinoise, on parle de ceci en termes de *Yang* et de *Yin*. Ces différences sont symboliquement caractérisées par le Cheval et la Chèvre dans la Maison du Genre, où toutes les apparences femelles prennent la forme de la Chèvre et toutes les apparences mâles, celles du Cheval.

Les années de la Chèvre

et leurs éléments

13 fév. 1907 - 1er fév. 1908	*Feu*
1er fév. 1919 - 19 fév. 1920	*Terre*
17 fév. 1931 - 5 fév. 1932	*Métal*
5 fév. 1943 - 24 jan. 1944	*Eau*
24 jan. 1955 - 11 fév. 1956	*Bois*
9 fév. 1967 - 29 jan. 1968	*Feu*
28 jan. 1979 - 15 fév. 1980	*Terre*
15 fév. 1991 - 3 fév. 1992	*Métal*

L'ANNÉE DE LA CHÈVRE

Alors que l'année du Cheval fut marquée par l'exploit sous toutes ses formes, l'année de la Chèvre est celle des actions humanitaires, des découvertes médicales, des créations de fondations charitables, de mouvements philanthropiques et plus généralement, de tout ce qui peut être utile dans quelque domaine que ce soit.

La Chèvre reprend souvent les idées des autres au lieu d'émettre les siennes propres, ce qui laisse entendre une plus grande habileté pour l'interprétation que pour la création dans les domaines artistiques en général, et plus particulièrement en musique. Pendant l'année de la Chèvre, l'intérêt pour les spectacles ira croissant, entraînant dans son sillage la musique. Dans les affaires, les placements en œuvres d'art et en pierres précieuses sont considérés comme sûrs.

Politiquement, c'est une période de réconciliation et de compromis. L'année sera propice à l'extension et à la consolidation des relations diplomatiques. Moins de conflits, donc.

C'est aussi une période idéale pour ceux qui croient en l'amour véritable car cette année c'est lui, et non le sexe, qui règle la vie sentimentale. Les liens personnels noués récemment ont toutes les chances de durer ; même les fiançailles !

Enfin, l'accent devrait être mis sur une nouvelle approche de la santé. Le moment est propice pour commencer un régime végétarien et supprimer les graisses animales. Le repos et la tranquillité donneront d'excellents résultats.

INTERFÉRENCE DES SIGNES ANIMAUX DANS L'ANNÉE DE LA CHÈVRE

Le Rat 鼠

Ses conditions de vie s'améliorent enfin, et bien que certaines de ses ambitions soient irréalisables dans le présent, le Rat découvrira de nouvelles voies possibles pour l'avenir. Il progressera lentement, mais sera capable de surmonter des difficultés qui l'auraient découragé auparavant. Une expérience nouvelle lui permettra d'envisager les problèmes de façon plus constructive.

Le Bœuf 牛

Dans le ciel astral du Bœuf, le *T'ai Sui* ou point de repère des années est placé en opposition directe, ce qui annonce une période jalonnée d'écueils et de difficultés. L'énergie se dissipe et ses efforts ne semblent pas apporter les résultats désirés. Les principaux problèmes concernent la résidence, non seulement la maison elle-même, mais aussi l'endroit où elle est placée. L'année ne sera pas bonne pour les finances ; la spéculation et les jeux d'argent sont fortement déconseillés. En revanche, la vie sentimentale et familiale traverse une période très heureuse.

Le Tigre 虎
Nombreux sont ceux qui se contentent des quelques satisfactions de cette année mais les Tigres, eux, la trouveront sans intérêt, presque ennuyeuse. Vie sociale terne avec très peu de nouvelles connaissances passionnantes. Heureusement, les affaires et la vie sentimentale resteront stables.

Le Lièvre 兔
Excellente année pour le Lièvre. Ses nombreux succès lui apporteront un regain de confiance en lui. Sa vie sociale le satisfera pleinement et ses relations avec les autres seront très enrichissantes, tant sur le plan culturel qu'amical. Un intérêt nouveau pour la mode et l'apparence extérieure marquera cette année. Quelques voyages en perspective. Activités commerciales modérées.

Le Dragon 龍
La personnalité exubérante du Dragon risque cette année d'être étouffée par des critiques mesquines et méchantes. Il rencontrera des obstacles à la réalisation de ses projets. Pas beaucoup de chance ; les Dragons devront mettre un frein à leurs dépenses et à la spéculation car de sérieuses pertes d'argent sont possibles. En revanche, la période est favorable aux voyages, aux amours et à la santé.

Le Serpent 蛇
L'année s'annonce bonne pour les natifs du Serpent. Ceux qui travaillent dans la mode, la beauté, la coiffure et la bijouterie vont voir leurs affaires se développer. Les autres entreprises commerciales ne bénéficieront pas de la même chance. L'époque n'est pas non plus propice à la création de projets nouveaux. Les questions juridiques connaîtront cependant un dénouement heureux. Les relations familiales seront renforcées.

Le Cheval 馬
La Chèvre est le signe *Yin* le plus réservé et le plus méditatif par rapport à la personnalité *Yang* très active du Cheval. Il adoucira donc certains aspects très agressifs de son caractère qui d'ordinaire lui causent du tort, mais même dans l'année de la Chèvre, le Cheval a encore tendance à rester le plus fort des deux. Autrement dit, il lui faudra tenir compte de l'expérience de ses aînés. Période propice aux affaires, à condition de rester dans le droit chemin.

La Chèvre 羊
L'année qui vient s'annonce très stimulante pour la Chèvre. Elle rencontrera de nouveaux amis et sa vie sentimentale sera plus intéressante. Côté famille, les relations vont se renforcer et il pourrait bien y avoir des naissances. Les problèmes juridiques se résoudront enfin, à la grande satisfaction de ceux qui sont concernés. La période est aussi très favorable aux affaires.

Le Singe 猴
L'année ne sera pas très harmonieuse pour le Singe qui va se heurter à des problèmes mineurs, mais irritants. Ses affaires devraient traverser une période de prospérité. Le Singe voyagera beaucoup mais rencontrera malheureusement des difficultés dans certains domaines comme la vie sociale.

Le Coq 鷄
Beaucoup de bonnes surprises cette année pour les natifs du Coq dans une période en général assez calme. Le brillant Coq va s'en réjouir et verra s'élargir son cercle d'activités. Il rencontrera de nouveaux amis très intéressants. Ses affaires juridiques aboutiront à une conclusion heureuse et ses ambitions personnelles ont de grandes chances de se réaliser.

Le Chien 犬
Le Chien entre dans une période difficile quand, dans le ciel, le *T'ai Sui* pénètre le secteur de la Chèvre. La Maison que garde symboliquement le Chien est en danger, de même que l'endroit où elle est située. Il semblerait que des travaux importants de rénovation et des réparations soient à prévoir. Comme la Maison de l'Expansion est le seul secteur vraiment favorisé, peut-être faudra-t-il envisager un changement de domicile ? En dépit de cette menace, la vie sentimentale et familiale apporte de grandes joies.

Le Cochon 豬
Excellente année pour le Cochon casanier. L'amour, la famille et les amis sont placés sous de bons auspices. Les affaires vont lentement et les rentrées d'argent ne sont pas très importantes, mais qu'importe ! Le Cochon est bien trop heureux par ailleurs pour même le remarquer.

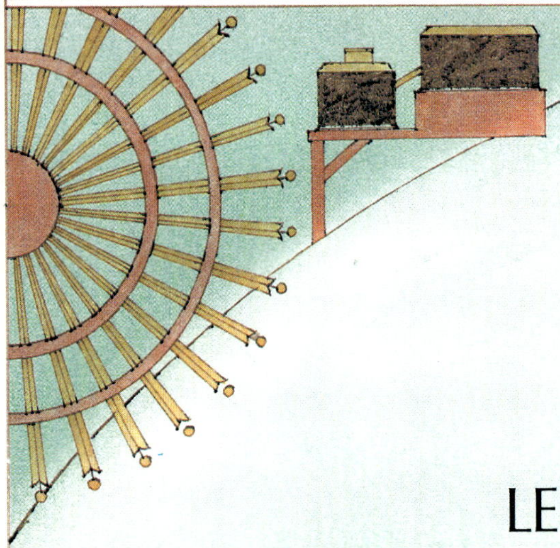

LE SINGE

Avec son esprit agile et inventif, son insatiable curiosité, le Singe est un véritable intrigant habile et rapide à manœuvrer. Il s'évade avec succès des situations délicates et n'est jamais à court de mots ou d'idées, mais les scrupules ne l'étouffent pas.

Il aime à donner de lui-même une image malicieuse et cache pourtant, sous le masque de l'insolence, une grande insécurité.

Malgré son apparente popularité le Singe est rarement pris au sérieux et peut en ressentir une certaine frustration. Il n'apprécie pas qu'on le contredise ; rancune et colère refoulées le mèneront à des crises de dépression. Pourtant, lorsqu'il fait des efforts pour se mettre au niveau des autres, on l'approuve et le respecte.

猴

Les plus expérimentés des singes ont une imagination débordante qui leur permet de résoudre des problèmes très complexes dans tous les domaines.

D'un point de vue plus général, le Singe est extrêmement versatile et a toutes les chances de réussir où il veut. Le succès, cependant, risque de lui monter à la tête. S'il paraît arrogant, ses amis menaceront de s'éloigner. Très vite heureusement, sa bonne humeur et ses autres qualités les ramèneront à lui.

LE SYMBOLISME DU SINGE 猴

Le Singe est le plus populaire et le plus vénéré des personnages de légende chinois. Encore aujourd'hui, il est le sujet d'innombrables films.

Le Singe des contes a de nombreux talents mais n'en fait bon usage que contraint et forcé par le Maître de l'univers. En effet, dans de mauvaises mains, les résultats scientifiques peuvent servir des buts plus sombres, tout comme les techniques utilisées à la fabrication des armes destructives risquent d'être réellement mises en pratique.

Les années du Singe

et leurs éléments

2 fév. 1908 - 21 jan. 1909	*Terre*
20 fév. 1920 - 7 fév. 1921	*Métal*
6 fév. 1932 - 25 jan. 1933	*Eau*
25 jan. 1944 - 12 fév. 1945	*Bois*
12 fév. 1956 - 30 jan. 1957	*Feu*
30 jan. 1968 - 16 fév. 1969	*Terre*
16 fév. 1980 - 4 fév. 1981	*Métal*
4 fév. 1992 - 22 jan. 1993	*Eau*

L'ANNÉE DU SINGE

L'année s'annonce riche en querelles politiques. Elle sera probablement marquée par l'instabilité du gouvernement en place. Une situation financière chancelante et les fluctuations des marchés boursiers causeront des soucis aux investisseurs. Il s'avère imprudent de prendre des risques dans une période aussi peu sûre, et si certains en tirent un profit considérable, leurs gains tiennent vraiment au hasard.

Il est important de bien tenir les rênes ; une gestion solide est une nécessité absolue. Cette année risque d'être difficile à vivre. Elle demandera des efforts et ceux qui les feront s'en trouveront grandis.

Année de confusion pour les amoureux, troublée par des malentendus et des inquiétudes. Dans cette période agitée, ils devront laisser les événements suivre leur cours sans essayer d'intervenir.

Année en dents de scie en ce qui concerne la santé. Les personnes très actives, physiquement ou mentalement, s'assureront qu'elles consacrent assez de temps au repos.

Les côtés négatifs de l'année du Singe indiquent le mal, les difficultés et les côtés positifs, l'habileté et l'adresse. La physique et l'astrologie sont sous de bons auspices et vont connaître une longue période de progrès spectaculaires. Les ouvriers spécialisés et les techniciens seront très demandés. L'investissement dans l'industrie mécanique est vivement conseillé à ceux qui souhaitent placer leur argent en sécurité.

INTERFÉRENCE DES SIGNES ANIMAUX DANS L'ANNÉE DU SINGE

Le Rat 鼠

L'année s'annonce excellente pour le Rat. Ce qu'il a entrepris les années précédentes arrive maintenant à son plein épanouissement et une ambition de longue date sera réalisée. Ceux qui passent des examens ont de grandes chances de voir leur travail récompensé. En affaires, le Rat sûr de lui réussira, des possibilités de promotion s'offriront à lui et de ce fait, sa situation financière se raffermira. Il traversera une période de grand bonheur sur le plan sentimental et social. Quelques difficultés sont cependant à prévoir en famille.

Le Bœuf 牛

Dans l'ensemble, cette année sera plutôt calme pour les natifs du Bœuf qui rencontreront pourtant de nombreuses contrariétés. Année marquée par l'assimilation, plus que par l'activité. Les études seront tout spécialement favorisées, ainsi que les voyages courts, l'agriculture et le jardinage. Côté cœur, le partenaire idéal n'est pas encore trouvé. Les affaires, la famille et les question juridiques iront ni bien ni mal. Les opérations financières spéculatives sont recommandées.

Le Tigre 虎

Le Tigre s'apprête à vivre une période de frictions. Bien que finances et affaires soient placées sous le signe de la chance, il devra se méfier des tracas et de certains retards. Des conflits sont possibles en famille où la tolérance est conseillée.

Le Lièvre 兔

Le cours de la vie ne semble pas prendre la direction que souhaiterait le Lièvre. Une succession d'événements imprévus et quelques problèmes sont à craindre en famille. L'année sera jalonnée de petits ennuis et le Lièvre, occupé à résoudre les désaccords qui l'opposent à ses proches, n'aura pas le temps de penser à lui. Dans son ensemble, l'année n'est pas propice aux questions administratives. Les affaires et les finances iront cependant un peu mieux. La vie sentimentale connaîtra de grands moments.

Le Dragon 龍

Les natifs du Dragon vont se surpasser cette année. Avec leur réputation bien établie de personnages à part ils vont, sous l'influence du Singe capricieux, mettre à exécution leurs plans les plus extraordinaires. Quelques-unes de ces idées paieront de retour. Il est pourtant regrettable que le Dragon ne profite pas de cette période favorable pour faire des économies car des difficultés financières s'annoncent avant la fin de l'année.

Le Serpent 蛇

Avec plusieurs signes néfastes dominant dans leur ciel, les natifs du Serpent risquent de connaître une année difficile. La Maison du Voyage est mal placée et ne favorisera pas les longs voyages. Les affaires sont calmes mais les carrières culturelles, la vie sentimentale, les amis et la santé sont particulièrement gâtés par la chance.

Le Cheval 馬

Grâce à la présence bénéfique du Singe, le Cheval peut s'attendre à une amélioration générale de sa situation cette année. Il sera plus sûr de lui et sa santé lui causera moins de soucis. De ce fait, il renforcera ses relations personnelles et fera preuve dans son travail d'un enthousiasme nouveau qui le poussera en avant. La période est propice à l'innovation. La maison est placée sous de bons auspices, ce qui pourrait annoncer de meilleures conditions de vie, peut-être un changement de domicile.

La Chèvre 羊

Quelques difficultés sans importance vont semer le désordre et contrarier ses projets. Des problèmes de communication risquent de surgir en famille, suite à des malentendus. La vie sociale et professionnelle n'est pas sous bonne influence et les relations affectives ou sentimentales risquent de se détériorer. La Chèvre peut se sentir un peu isolée. La période profitera aux artistes et à ceux qui aiment travailler seuls.

Le Singe 猴

Année grisante pour les natifs du Singe, un peu moins bonne pour ceux qui sont en contact avec eux. Les finances sont florissantes et les affaires connaissent une période très prospère. La vie sociale est fertile en événements passionnants qui coûteront malheureusement assez cher.

Le Coq 鷄

Le Coq est le signe complémentaire du Singe ; cette année lui est donc favorable dans bien des domaines. Des projets vont se réaliser, les affaires se développent de façon satisfaisante. La vie sociale et les amours traversent une période agréable mais tout ne va pas pour le mieux à la maison.

Le Chien 犬

Les Chiens vont vivre une année médiocre mais riche en expériences de toutes sortes, amenant une consolidation de la situation financière. Des aménagements sont à prévoir dans la maison. Une vie sociale très agréable et des affaires prenantes ne laisseront pas beaucoup de temps libre au Chien. La vie de famille en souffrira.

Le Cochon 豬

L'année ne se présente pas très bien pour les Cochons. Les propriétaires de maisons vont trouver quelques surprises désagréables. Les domaines les plus favorisés sont l'art, la littérature, la musique, l'horticulture et l'agriculture. Le commerce et l'industrie, en revanche, iront moins bien. Les côtés sombres de cette année sont heureusement compensés par une vie sentimentale très satisfaisante pour ceux qui savent prendre des risques.

Le Coq

Le Coq, oiseau mâle, est pourtant en astrologie le signe féminin complémentaire du Singe. Ses qualités : détermination, fierté et assurance s'appliquent indifféremment à l'un et l'autre sexe.

Caustique, presque agressif, le Coq verra s'eloigner de lui ceux qui prennent sa franchise pour de l'insolence et ses manières parfois sophistiquées pour de l'affectation. Ces qualités sont pourtant bien utiles à un personnage aussi résolu que le Coq pour poursuivre une carrière. Un bon sens des affaires ne l'empêchera pas de faire des gestes qui pourraient paraître extravagants à l'observateur ordinaire, alors qu'en fait il ne fait que répondre à un motif secret.

Le Coq est rapide, précis, pointilleux. Il a du mal à poursuivre plusieurs affaires à la fois, aussi bien dans son travail qu'avec ses amis ; il lui arrive alors de négliger sa famille.

Dynamique en affaires et aimant le challenge, il est un compagnon stimulant pour ceux qui peuvent se mesurer avec lui. Il a un idéal élevé et, perfectionniste, ne montre pas une grande tolérance envers ceux dont les critères moraux sont inférieurs aux siens...

鷄

SYMBOLISME DU COQ 鷄

Le Coq est le complément *Yin* du Singe avec qui il forme la Maison de la Carrière. Bien que signe « féminin », il a été choisi par les astrologues pour incarner un comportement direct, franc et énergique. Curieusement, bien qu'associé à l'aube, le coq règle les heures du soir. Ainsi symbolise-t-il l'activité, même en période de repos.

Les années du Coq

et leurs éléments

22 jan. 1909	9 fév. 1910	*Terre*
8 fév. 1921	27 jan. 1922	*Métal*
26 jan. 1933	13 fév. 1934	*Eau*
13 fév. 1945	1er fév. 1946	*Bois*
31 jan. 1957	13 fév. 1958	*Feu*
17 fév. 1969	5 fév. 1970	*Terre*
5 fév. 1981	24 jan. 1982	*Métal*
23 jan. 1993	9 fév. 1994	*Eau*

L'ANNÉE DU COQ

Cette année, les préoccupations de carrière vont prendre le pas sur la famille. Autrefois, le signe astrologique correspondant au Coq était le *Yü*, représenté en écriture chinoise par une flasque ou une bouteille. Pendant son année, la viticulture, la fabrication et la distribution des boissons et par extension les restaurants, les hôtels et d'une façon générale tout ce qui concernait la nourriture, étaient placés sous de bons auspices.

Seront prospères cette année toutes les industries directement liées à la consommation et dont le but est d'améliorer l'apparence de l'individu : vêtements, parfumerie, bijouterie... Regain d'intérêt aussi pour les « centres de mise en forme ».

Au niveau mondial, on peut s'attendre à voir surgir quelque part des mouvements nationalistes. De ce fait, il se peut que certains groupements minoritaires dominés par une puissance étrangère se rebellent.

Le dynamisme de l'individu que symbolise le Coq ne favorise pas une liaison sentimentale. Au contraire, il semble que cette année annonce quelques déceptions et renoncements.

Côté santé, l'année profitera à ceux qui font des efforts pour se maintenir dans une bonne forme physique. Il faudra éviter de dépendre des autres (et des médicaments !).

INTERFÉRENCE DES SIGNES ANIMAUX DANS L'ANNÉE DU COQ

Le Rat 鼠

Les natifs du Rat connaîtront une année difficile, jalonnée de contrariétés, mais malgré les problèmes et les contretemps qui pourraient entraîner un changement de leurs conditions de vie, ils suivront leur chemin et seront plus tard récompensés de leurs peines. Des pertes d'argent sont contrebalancées par des rentrées imprévues et le départ d'amis, par de nouvelles connaissances.

Le Bœuf 牛

Le Bœuf sort d'une longue période d'engourdissement. Après sept ans de routine, il se réveille à la vie. Des transformations spectaculaires interviennent. La période est propice à un changement de domicile ou de situation.

Le Tigre 虎

Cette année semble mettre en valeur les qualités du Tigre, qui verra une amélioration générale de sa situation. Nouvelles responsabilités et projets très stimulants dans son travail. Période particulièrement intéressante sur le plan financier pour les Tigres dans l'industrie et la technologie. Malheureusement, cette réussite éclatante risque d'exciter la jalousie de leurs amis.

Le Lièvre 兔

Les natifs du Lièvre vont trouver sur leur chemin plus d'obstacles que d'habitude. Le *T'ai Sui*, point de repère des années, passe dans le secteur du ciel opposé au leur, empêchant ainsi le déroulement normal de leur vie sociale, professionnelle et même sentimentale. Seule la patience permettra d'obtenir quelques résultats positifs. Heureusement, l'année apportera beaucoup de joies en famille, ainsi que dans les activités sportives et culturelles.

Le Dragon 龍

Les Dragons tiennent les rênes de leur destinée. Tout ce qui concerne la maison est favorisé, un changement de domicile est recommandé. Une bonne surprise sur le plan financier sera peut-être suivie d'un long voyage. Les gens en place accueilleront favorablement les nouvelles propositions du Dragon. Des hauts et des bas cependant dans les affaires, comme dans la vie sentimentale.

Le Serpent 蛇

Excellente période pour les natifs du Serpent. Certains d'entre eux risquent d'être un peu déçus d'apprendre que cette année, c'est en famille qu'ils trouveront les plus grandes joies. Carrières et activités personnelles prospèrent. Des tensions dans la vie sociale pourraient entraîner une certaine animosité dans le futur. Côté finances, l'année ne sera pas exceptionnelle, mais elle se présente si bien sur le plan affectif que cela n'a pas d'importance.

Le Cheval 馬

Le Cheval traversera cette année des moments de contrariété et de déception. En effet, dans une période où il faut aller de l'avant, sa personnalité conservatrice le freine et l'oppose à ses proches. Ses soucis le gêneront dans ses activités sociales et professionnelles, créant un cercle vicieux d'animosité. La chance lui sourit davantage dans sa vie personnelle où il entreverra des promesses de voyages et d'activités lucratives.

La Chèvre 羊

La Chèvre, qui s'était repliée sur elle-même pendant la longue période d'inactivité qui vient de s'écouler, peut à nouveau faire des projets d'avenir. Sa vie familiale est désormais stable et lui apporte de grandes joies. Période propice aux départs en retraite et aux expatriements. De bons moments vont agrémenter les activités sportives et artistiques.

Le Singe 猴

La vie professionnelle des Singes connaît une période faste. La présence du Coq dans leur ciel favorise des secteurs aussi variés que la construction, la technologie, la mode et la création artistique. Les voyages à l'étranger seront très profitables. Le Singe devra cependant éviter les spéculations d'argent car la chance ne lui est pas favorable de ce côté-là.

Le Coq 鷄

Excellente année pour le Coq dans tous les domaines, excepté peut-être dans sa vie sentimentale. Amélioration décisive dans son travail où il a de grandes chances d'accéder à de nouvelles responsabilités. La famille lui apporte sécurité et satisfactions. La période est plus propice au développement des programmes déjà entrepris qu'à la création de nouveaux projets.

Le Chien 犬

Année très riche en événements pour les natifs du Chien qui devront affronter quelques situations critiques. Ils connaîtront des périodes très heureuses, mais aussi des conflits personnels, surtout en famille où leurs projets d'amélioration de la maison ou de déménagement seront vivement contestés. Les affaires vont bien, sans plus.

Le Cochon 豬

La situation financière du Cochon est stable. Sa position sociale et sa vie familiale vont beaucoup s'améliorer. A la maison, rien n'est inquiétant à part quelques nouvelles concernant un parent éloigné. La période n'est pas très bonne pour le commerce et les opérations financières à risques. Vie sentimentale agitée.

LE CHIEN

Le Chien est fidèle et honnête. Il se fait facilement des amis grâce à son bon contact humain et à son sens de l'humour, et sait les garder. Travailleur acharné, il suscite l'estime et la confiance de ses proches et devient vite influent au sein d'une quelconque communauté.

Le Chien est hostile au changement. Il n'aime pas avoir à prendre des décisions importantes et préférera prolonger des situations qui ne sont pas toujours faciles plutôt que de s'exposer à d'essentielles transformations. S'il ne peut rien contre l'évolution, il finira tout de même au bout d'un certain temps par s'adapter à la conjoncture nouvelle, mais regrettera le passé.

Capable de tout pour défendre ceux qu'il aime, il ne laissera personne s'attaquer à eux, refusant parfois de prêter attention à certains signes, notamment dans le comportement des enfants, annonçant des problèmes d'ordre domestique. Sensible au malheur des autres, il les consolera de son mieux. Ses rares accès de colère sont presque toujours justifiés, mais la faute est vite oubliée et l'animosité réservée uniquement à ceux qui ne font pas partie du cercle de sa famille ou de ses amis.

Très actif et doué pour le sport, le Chien est un partenaire recherché dans les réunions amicales. Sa popularité risque de lui causer des ennuis dans son ménage, si son conjoint n'est pas très compréhensif.

犬

LE SYMBOLISME DU CHIEN 犬

Le Chien et le Cochon constituent ensemble la Maison de la Famille mais le Chien, par son côté protecteur, incarne davantage la structure de la maison que ses habitants.

Sur la carte astrologique chinoise, les signes animaux les plus compatibles avec le Chien sont le Cheval et le Tigre. Ces trois signes sont franchement *Yang*, ou masculins. Le Tigre agressif et le Cheval ambitieux voisinent avec le Chien protecteur qui symbolise la sécurité.

Les années du Chien

et leurs éléments

10 fév. 1910 - 29 jan. 1911	*Métal*
28 jan. 1922 - 15 fév. 1923	*Eau*
14 fév. 1934 - 3 fév. 1935	*Bois*
2 fév. 1946 - 21 jan. 1947	*Feu*
18 fév. 1958 - 7 fév. 1959	*Terre*
6 fév. 1970 - 26 jan. 1971	*Métal*
25 jan. 1982 - 12 fév. 1983	*Eau*
10 fév. 1994 - 30 jan. 1995	*Bois*

L'ANNÉE DU CHIEN

L'année du Chien, la onzième du cycle animal chinois, semble de mauvais augure aux nations qui envisagent l'invasion d'un territoire ennemi : la résistance sera terrible. Le Chien est en effet un signe de défense et de protection. L'époque est donc propice à la révision et à l'amélioration des systèmes de défense. Les gouvernements seraient avisés de reconsidérer l'organisation de leur police civile, protectrice de l'ordre public.

En affaires, les domaines les plus favorisés sont ceux de la propriété foncière, des industries d'armement et de tous les services de sécurité.

Il serait prudent de réviser les opérations financières à la lumière des nouvelles tendances des marchés. Le Chien est placé exactement à l'opposé du Dragon sur la carte astrologique ; c'est un signe de mauvais présage pour les spéculations et les aventures à haut risque.

A plus basse échelle, c'est le moment de vérifier si les maisons et les immeubles sont suffisamment protégés — non seulement contre les voleurs, mais aussi contre les intempéries.

Année agréable, dans son ensemble, pour la santé : le Chien symbolise la force intérieure et le courage.

Ceux qui pensent au mariage vont trouver ici un moment idéal pour convoler en justes noces : le Chien incarne la fidélité et le dévouement. Les Chinois affirment que les unions célébrées cette année seront heureuses et prospères.

INTERFÉRENCE DES SIGNES ANIMAUX DANS L'ANNÉE DU CHIEN

Le Rat 鼠

Le Chien et le Rat sont favorablement disposés sur la carte astrologique. L'année du Chien devrait donc se dérouler sans encombre pour le Rat dont la créativité sera encouragée, surtout si le travail manuel et l'artisanat sont ses points forts. Une vie sociale bien remplie et des affaires florissantes ne feront pas oublier qu'il faut rester vigilant sur le plan financier. Tension en famille où des questions d'ordre juridique vont se poser. La vie sentimentale a connu des moments meilleurs.

Le Bœuf 牛

Le Bœuf empêche le Chien d'avancer. Dans une année jalonnée d'embûches il fonce en avant, sans tenir compte des obstacles qu'il juge pour le plupart insignifiants. En ce moment, le Dragon est opposé au Chien et les transactions concernant la terre, placées normalement sous la protection du Bœuf, sont déconseillées. En revanche, le commerce est prospère et ceux qui espèrent se marier pourraient trouver cette année des chances certaines de bonheur.

Le Tigre 虎

Année excellente pour les natifs du Tigre. Davantage de loisirs, de voyages, de succès sportifs et une vie sociale très active. Les hommes d'affaires, plus spécialement les industriels, traverseront une phase de prospérité. Quelques problèmes personnels risquent cependant de se poser.

Le Lièvre 兔

Cette année ne sera pas décisive pour le Lièvre. Peu d'aventures et dans l'ensemble, une grande stabilité. Il peut préparer des projets, mais aucune décision importante ne sera prise. Les affaires sont lentes. Heureusement, la vie sentimentale promet de bons moments, puisque dans le ciel le secteur qui règle les amours du Lièvre approche du zénith.

Le Dragon 龍

Le Dragon, signe de la chance, sera cette année placé sous l'influence du Chien, ce qui signifie l'arrivée d'une période dangereuse pour les opérations financières. Les risques de conflit en famille existent. Prudence ! En revanche, la vie sociale est bien remplie et de nouvelles responsabilités professionnelles annoncent de nombreuses possibilités de voyages.

Le Serpent 蛇

Homologue *Yin* du Dragon *Yang*, le Serpent peut s'attendre à des difficultés cette année. Par chance, les influences néfastes atténuent à peine celles qui sont favorables et aucun problème grave ne devrait se poser. Les affaires sont assez lentes, la vie sociale manque d'enthousiasme, mais la famille apporte de grandes joies.

Le Cheval 馬

Une année d'aventures, d'intense activité car le Chien, le Tigre et le Cheval forment un triangle très fort dans le ciel. Les sportifs vont peut-être battre des records. En affaires, le Cheval obtiendra de bons résultats par son agressivité. La maison et les voyages sont au premier plan ; un changement de domicile est probable.

La Chèvre 羊

L'année du Chien est sévère pour la Chèvre. La compétition serrée entraîne quelquefois des frictions désagréables et la Chèvre, ne les pensant pas justifiées, peut quitter la course. C'est un personnage droit. Deux influences adverses dominent dans son ciel. Elles disparaîtront l'année prochaine et la situation s'améliorera pour elle. Grandes satisfactions en famille.

Le Singe 猴

De nombreuses surprises pour le Singe cette année, comme pour son entourage. Toujours très occupé, le Singe trouvera tout de même le temps de concevoir de nouveaux projets. Ses partenaires de travail et ses amis seront peut-être surpris par l'audace de certaines de ses propositions mais continueront de lui apporter leur soutien. Heureusement, il est en période de chance, sinon toutes ses entreprises tourneraient au désastre.

Le Coq 鷄

Année de challenge pour le Coq qui va affronter une succession d'obstacles sans devoir se décourager. Il trouve en ses proches un soutien précieux. Sa famille constitue son meilleur refuge. Comme la chance ne le favorise pas beaucoup, il ne prendra pas de risques et restera dans les limites de la loi pour régler les conflits mineurs. Attention à ne pas mêler affaires et vie privée ! Ces deux domaines sont relativement privilégiés, mais chacun de leur côté.

Le Chien 犬

Excellente année pour élaborer des projets. Le Chien, protecteur de la maison, peut décider d'un déménagement ou de transformations importantes. Le moment est propice à l'un ou l'autre cas, même si les plans de l'architecte ne sont pas tout à fait définis. La vie sociale et professionnelle est très fructueuse.

Le Cochon 豬

Année moyenne pour le Cochon. Comme les suivantes s'annoncent meilleures, c'est le moment idéal pour planifier des projets grandioses : une croisière autour du monde, une amélioration de la maison ou une importante manifestation sociale. Cette période, pauvre en événements marquants, voit cependant se dessiner avant la fin de l'année un regain d'activité dû à l'annonce d'un grand événement.

LE COCHON

Dernier des douze animaux du cycle chinois, le Cochon est le symbole de la conclusion et de l'accomplissement. En conséquence, ses ambitions ne se limitent pas à sa seule carrière, mais s'étendent aussi aux récompenses qu'il pourra en retirer. Alors que le Chien (son signe complémentaire) pense à son passé, le Cochon, lui, pense à sa retraite.

Personnage beaucoup plus sympathique que celui qu'évoque le terme en Occident, le Cochon ne se sent nulle part mieux que chez lui. Très naturel et très gai, fuyant le monde et la parade, il aime la compagnie de ses amis. Responsable et travailleur, il est rarement paresseux et possède des talents artistiques qu'il exerce dans sa maison : la menuiserie et les travaux d'aiguille n'ont pas de secret pour lui.

En affaires, le Cochon apporte la dernière touche aux programmes, ce qui le mène naturellement à la réussite sur le plan financier. Il est souvent naïf et trop confiant, proie facile pour les escrocs, et apprécie les métiers où il peut donner beaucoup de lui-même, comme infirmier ou conseil. Souvent, il extériorise son amour des autres dans le bénévolat. Son entourage l'estime et l'apprécie.

Hospitalier et confiant, bon travailleur, le Cochon ne connaît pas les problèmes d'intégration au sein de groupes et sait s'entourer de nombreux amis. Certains, inévitablement, vont essayer d'en tirer avantage ; même s'il en souffre, le Cochon ne s'apitoie pas sur lui-même et ne manifeste aucune rancune.

豬

LE SYMBOLISME DU COCHON 豬

Le Cochon donne son nom à la dernière année du calendrier chinois et à la dernière double heure du jour. Il marque la fin du cycle et en ce sens, il est associé au repos, au calme et à la satisfaction de l'ouvrage accompli.

A la fin du jour, sa place se trouve naturellement chez lui, entouré des siens. Il symbolise l'intérieur dans la Maison de la Famille. Dans les villages chinois, le cochon est tellement intégré à la maison que le caractère d'écriture signifiant « famille » se compose du signe du cochon surmonté de celui d'un toit.

Les années du Cochon

et leurs éléments

30 jan. 1911 - 17 fév. 1912	*Métal*
16 fév. 1923 - 4 fév. 1924	*Eau*
4 fév. 1935 - 23 jan. 1936	*Bois*
22 jan. 1947 - 9 fév. 1948	*Feu*
8 fév. 1959 - 27 jan. 1960	*Terre*
27 jan. 1971 - 14 fév. 1972	*Métal*
13 fév. 1983 - 1er fév. 1984	*Eau*
31 jan. 1995 - 18 fév. 1996	*Bois*

L'ANNÉE DU COCHON

Quand le signe du Cochon est prédominant dans un horoscope, il indique la plupart du temps une famille nombreuse. C'est peut-être à juste titre que l'année du Cochon est considérée comme favorable aux affaires de famille et aux réunions de toutes sortes.

L'année du Cochon étant la dernière du cycle, elle signifie conclusion, phase finale des programmes. Ainsi, si les affaires qui devaient s'achever une année du Cochon sont toujours en cours, elles seront difficiles à mener à terme.

Le Cochon, image de la dernière heure du jour et du sommeil, annonce une période de grand calme. Cette inactivité est peut-être due à l'utilisation insuffisante de ses capacités ou au désir de laisser volontairement les choses au repos pendant un moment. Dans les affaires, l'expansion est peu probable.

Cette année bénéficiera à ceux qui veulent se fixer et fonder une famille nombreuse. Les autres, qui n'envisagent pas la vie aussi sérieusement, devront éviter de prendre des décisions importantes, leurs intentions risquant d'être mal interprétées.

Sur le plan international, c'est une phase de paix. Les gouvernements sont plus préoccupés de leur politique intérieure que des relations avec l'étranger. Les grandes puissances qui commencent à envisager leur retrait de territoires occupés auront toutes les chances de voir les traités conclus une année du Cochon aboutir à un changement de pouvoir en douceur.

INTERFÉRENCE DES SIGNES ANIMAUX DANS L'ANNÉE DU COCHON

Le Rat 鼠

Période de transition pour le Rat. Innovateur par excellence, il souhaite achever les opérations en cours et ne trouve personne pour l'aider. Il n'a cependant pas de problèmes pour faire accepter ses projets par ses supérieurs. Les ennuis d'argent sont possibles et les opérations financières lui sont déconseillées. Il semble pourtant bénéficier d'un élan d'enthousiasme mais n'en profitera pas vraiment. Sa vie sociale est très active et promet de bonnes surprises en amour.

Le Bœuf 牛

Satisfait de sa condition actuelle, le Bœuf trouvera cette année bonne dans son ensemble. Quelques surprises désagréables n'empêchent pas l'amélioration générale de sa situation : promesse d'avancement social ou professionnel, rentrées d'argent... La chance et les affaires n'apparaissent qu'au second plan, de même que les voyages. Dans son ensemble, l'année sera marquée par la réussite.

Le Tigre 虎
L'année du Cochon lui apportera des joies et des peines, des améliorations dans plusieurs domaines mais aussi quelques signes de dégradation. La chance est à ses côtés mais elle ne l'empêchera pas de se heurter à des difficultés. Le commerce et les affaires traversent une période faste ; les opérations financières s'avèrent fructueuses. En revanche, un problème juridique soulève la menace d'un procès. Les voyages semblent risqués. La vie sentimentale est dans une période heureuse mais il existe des risques de conflit en famille.

Le Lièvre 兔
Une vie de famille très heureuse va beaucoup accaparer le Lièvre cette année. Période propice aux unions : les mariés de l'année du Cochon ont des chances d'avoir de nombreux enfants. Les fiancés ne devraient pas attendre trop longtemps avant de fixer le grand jour. Les artistes vont trouver une période de créativité et connaîtront un succès grandissant. Les finances ne sont malheureusement pas au mieux, le commerce est lent et comme en général la chance n'est pas à son point culminant, les spéculations d'argent sont déconseillées.

Le Dragon 龍
Alternance de périodes de chance et de malchance cette année, pour le Dragon. Il risque de rencontrer quelques difficultés, heureusement sans gravité, avec ses amis et connaissances et quelques chagrins dans sa vie sentimentale. Des décisions importantes interviendront en ce qui concerne l'aménagement de la maison. Comme un changement de domicile est peu probable, il devra prendre garde à ne pas faire de choix irréversible.

Le Serpent 蛇
Année de changements importants, de conflits et d'épreuves pour le Serpent, surtout en famille où de graves problèmes risquent d'apparaître. Quelques obstacles l'empêchent d'avancer comme il le souhaiterait et semblent même le faire trébucher à chaque pas. Attention aux procès ! Les industries de fabrication et le commerce sont en perte de vitesse. Les voyages ne sont pas conseillés. Heureusement, les activités artistiques vont bénéficier de cette période de créativité et la vie sentimentale apportera de nombreuses joies.

Le Cheval 馬
Année moyenne pour le Cheval, profitable toutefois par certains côtés. Peu de soucis, en vérité ; les projets suivent normalement leur cours et sont menés à terme de façon satisfaisante, en affaires comme dans la vie sociale. Quelques problèmes dans la maison : des réparations ou un déménagement entraîneront de gros frais.

La Chèvre 羊
Excellentes perspectives pour les natifs de la Chèvre. La Maison de la Famille est très bien placée dans leur ciel, signifiant, comme on s'y attend, une extension du cercle familial par un mariage ou une naissance, peut-être les deux. De courts mais fréquents voyages sont probables.

Le Singe 猴
Le Singe va devoir affronter des circonstances hostiles cette année. Ses idées recevront un accueil favorable mais il risque de devenir trop sûr de lui et négligent. Il ne connaîtra pas de problème d'argent, surtout s'il travaille dans le commerce.

Le Coq 鷄
Amélioration sensible des conditions de vie du Coq, cette année, après une longue période d'ennui. Les relations familiales se renforcent, les vieilles querelles s'estompent. Seuls subsistent quelques problèmes de logement. Les perspectives de carrière sont maintenant très sûres, ce qui donne au Coq une plus grande confiance en lui. Vie sociale très active, beaucoup de chance en amour. Il est regrettable cependant que le Coq ait abandonné certaines de ses activités antérieures.

Le Chien 犬
Le Chien, signe associé au Cochon dans la Maison de la Famille, va connaître une année heureuse dans son foyer, où il déploiera une grande activité. Tout n'ira pas pour le mieux, cependant. Il lui faudra prêter une attention particulière à la santé et à la sensibilité de ses enfants. Quelques inquiétudes au sujet des voyages feront leur apparition. Les affaires sont plutôt lentes, mais réservent tout de même de bonnes surprises.

Le Cochon 豬
Le *T'ai Sui*, point de repère des années, termine sa course à travers le ciel et laisse présager une année calme et bénéfique pour les Cochons, qui risquent toutefois de rencontrer quelques petites contrariétés dans les voyages, la santé et les relations amicales.

Il existe des amitiés utiles et d'autres qui sont dangereuses.

Des amis honnêtes,
Des amis sincères,
Des amis lucides,
Ceux-ci sont utiles.

Des amis prétentieux,
Des amis maniérés,
Des amis trop flatteurs,
Ceux-là sont dangereux.

D'après Confucius, *Les Analectes*

Les Relations des Différents Signes entre eux

Un Cheval fait-il bon ménage avec un Lièvre ? Le Coq est-il un bon compagnon de travail pour le Rat ? Dans les pages suivantes, vous trouverez un guide qui vous révélera les traits principaux des rapports existant entre chacun des douze signes animaux, à la fois dans la vie familiale et dans les affaires.

LES RELATIONS DU RAT AVEC...

un autre Rat Les Rats s'estiment mutuellement. Que ce soit en amour, en amitié ou en affaires, ce respect mutuel en fait une équipe performante et efficace. L'enfant Rat peut sembler un peu distant à son parent Rat, bien qu'une chaude affection les lie.

le Bœuf Le Rat et le Bœuf sont d'excellents partenaires dans le mariage et les affaires parce que complémentaires. L'enfant Bœuf, dévoué et très attaché à sa famille, restera probablement avec ses parents plus longtemps que les autres.

le Tigre Le Tigre et le Rat s'entendent mieux en affaires qu'en ménage, sauf dans le cas où la femme est Rat. L'enfant Tigre, indépendant et direct, fera la fierté de son parent Rat mais lui causera beaucoup d'inquiétude.

le Lièvre S'ils ne font pas d'efforts pour essayer de se comprendre, le Lièvre causera des peines de cœur au Rat ou des ennuis sérieux dans sa vie professionnelle. L'enfant Lièvre est souvent fugueur.

le Dragon Le Dragon stimule l'amitié, la vie sentimentale et professionnelle du Rat. L'enfant Dragon ne cessera jamais d'étonner son parent Rat.

le Serpent Dans le mariage ou les affaires le Serpent, très brillant, est un compagnon stimulant pour le Rat à qui il apporte toujours son soutien précieux. Les relations parent Rat et enfant Serpent seront bonnes entre sexes opposés mère-fils ou père-fille, plus tendues dans l'autre sens.

le Cheval Pour que ces deux-là s'entendent en ménage, il leur faut beaucoup d'amour. Dans les affaires, ils connaissent des situations périlleuses dues à leurs divergences d'opinions. L'enfant Cheval et le parent Rat devront faire beaucoup de concessions pour que règne une bonne entente en famille.

la Chèvre Sur le plan astral, leur alliance n'est pas excellente mais ils sont capables tous deux de contourner les problèmes. L'enfant Chèvre ne semble jamais bien comprendre précisément ce que son parent Rat attend de lui.

le Singe Association très harmonieuse en affaires comme dans le mariage. L'enfant Singe, très doué mais souvent capricieux, a besoin d'être très tenu et très suivi par son parent Rat.

le Coq Les relations Rat-Coq ne sont pas des plus pacifiques mais chacun des deux partenaires a beaucoup à offrir à l'autre, surtout en affaires. L'enfant Coq est dévoué et loyal envers son parent Rat mais ira combler hors de chez lui son besoin d'affection.

le Chien Leur alliance n'est pas excellente dans les affaires et le mariage. L'enfant Chien, après une longue période de crise et de révolte contre son parent Rat, lui apportera son soutien. Sur un plan amical, les relations Chien-Rat peuvent être solides et durables.

le Cochon Bonne entente sur le plan sentimental entre Cochon et Rat qui doivent cependant garder leurs distances dans la vie professionnelle. L'enfant Cochon, devenu adulte, aura du mal à quitter la maison de son parent Rat.

LES RELATIONS DU BŒUF AVEC...

le Rat Alliance heureuse en amour et dans le mariage, à condition que le Bœuf n'impose pas trop sa volonté. L'enfant Rat, intelligent et brillant, fera la fierté de son parent Bœuf.

un autre Bœuf Très bonne entente sur le plan professionnel, surtout s'ils bénéficient d'une collaboration extérieure. L'enfant Bœuf travaillera beaucoup pour obtenir des récompenses et apportera de grandes satisfactions à son parent Bœuf.

le Tigre En amour comme en affaires, ce n'est pas la plus heureuse des unions, sauf si l'attirance physique ou la sympathie est très forte. L'enfant Tigre, agité et turbulent, fera passer des nuits blanches à son parent Bœuf.

le Lièvre Lièvres et Bœufs forment de bons ménages où se glisse parfois la jalousie. En affaires, leur association est excellente. L'enfant Lièvre apportera de grandes joies à son parent Bœuf.

le Dragon Le Dragon et le Bœuf sont liés par une forte attirance mais leurs relations ne sont pas sans nuages. Ils devront bien limiter leur domaine pour garder une bonne entente dans la vie professionnelle. L'enfant Dragon, qui a un grand besoin de solitude, est cependant très attaché à son parent Bœuf.

le Serpent Association surprenante mais heureuse en amour, entre ces deux partenaires qui savent ne pas tenir compte des critiques. Ils s'entendent bien en affaires. L'enfant Serpent a tendance à intellectualiser ses relations avec ses parents ; il n'est pas très démonstratif malgré la grande affection qu'il leur porte.

le Cheval Entre deux partenaires aussi compliqués, les relations ne seront pas faciles, mais compensées par une grande fidélité en amour. En affaires, le Cheval et le Bœuf savent se battre, plus contre leurs adversaires que l'un contre l'autre. Le parent Bœuf doit s'attendre à ce que son enfant Cheval prenne son indépendance très jeune.

la Chèvre La Chèvre et le Bœuf, bien que partageant les mêmes intérêts, voient la vie de façon tout à fait différente, ce qui peut les amener à des conflits. Pas de gros problèmes entre parent Bœuf et enfant Chèvre, si ce n'est quelques difficultés de communication.

le Singe En société, le Singe est un partenaire amusant pour le Bœuf. Leurs relations ne sont jamais ennuyeuses. Un amour sincère les lie quelquefois. Ils font de bons compagnons de travail. Les enfants Singes sont très attachants et espiègles, mais n'ont pas toujours les mêmes intérêts que leurs parents Bœufs.

le Coq Le Coq a un effet stimulant sur le Bœuf. Leurs relations sentimentales ou professionnelles sont sincères et durables. L'enfant Coq réserve de bonnes surprises à son parent Bœuf.

le Chien Le Chien et le Bœuf se méfient trop l'un de l'autre pour pouvoir construire une relation solide, tant sur le plan professionnel qu'affectif. L'enfant Chien peut avoir du mal à gagner la confiance de son parent Bœuf.

le Cochon Entente harmonieuse et sans heurts, parfaite en famille et dans un environnement professionnel calme, mais pas très propice aux affaires à haut niveau. L'enfant Cochon est très affectueux envers son parent Bœuf.

LES RELATIONS DU TIGRE AVEC...

le Rat Le Rat a tendance à trouver le Tigre un peu trop autoritaire. Leur entente se limite souvent à un arrangement qui satisfait les deux parties. Il arrive que des parents Tigres soient déçus de ne pas voir leur enfant Rat suivre leur trace. Avec le temps, cependant, une relation plus intime se développera entre eux.

le Bœuf Sur un plan astral, le Bœuf n'est pas un partenaire idéal pour le Tigre. Que ce soit en affaires ou dans sa vie sentimentale, le Bœuf n'aime pas qu'on lui dicte sa conduite. L'enfant Bœuf peut quelquefois se montrer têtu et désobéissant. Son parent Tigre est-il assez indulgent ?

un autre Tigre Une lutte sans merci peut rendre fragile leur association. Les enfants Tigres ont une confiance totale en leurs parents Tigres qu'ils essaieront d'imiter plus tard.

le Lièvre Association parfaite dans le mariage, surtout du point de vue du Tigre. Leurs relations sont solides en affaires si le Lièvre a un rôle subalterne. Un enfant Lièvre apportera beaucoup d'affection à son parent Tigre.

le Dragon Alliance excellente à la fois en affaires et en amour. L'enfant Dragon fera la fierté de son parent Tigre.

le Serpent Une bonne entente est peu probable entre eux. Les Serpents qui font équipe avec les Tigres peuvent avoir de curieuses arrière-pensées capables de créer des malentendus sur le plan professionnel et sentimental. Les rapports entre un enfant Serpent et son parent Tigre ne sont pas toujours très faciles.

le Cheval Voici deux partenaires qui se vouent une estime mutuelle. Ils feront de bons époux et de bons compagnons de travail armés pour réussir. L'enfant Cheval aidera son parent Tigre à se créer des liens d'amitié à l'extérieur de la famille.

la Chèvre Leur entente harmonieuse fera de bons mariages et des équipes de travail efficaces. Un enfant Chèvre saura se montrer affectueux et loyal envers son parent Tigre.

le Singe Leur association ne peut réussir que s'ils apprennent à reconnaître et à surmonter leur méfiance mutuelle. L'enfant Singe, aventureux, a besoin d'être très tenu par son parent Tigre et ne peut pas être tenu pour responsable de ses maladresses.

le Coq La forte attirance qui existe entre eux ne suffit pas à atténuer leurs instincts de compétition. Les relations les plus solides s'établissent quand les deux partenaires sont capables de garder une certaine indépendance. L'enfant Coq quittera sans doute assez jeune le foyer de son parent Tigre, mais restera toujours très proche de sa famille.

le Chien Un mariage Tigre-Chien donnera la vie de famille traditionnelle idéale. En affaires, leur collaboration est productive. L'enfant Chien partage de bon cœur l'enthousiasme de son parent Tigre.

le Cochon En amour, le Cochon n'est pas assez sophistiqué pour retenir longtemps l'intérêt du Tigre. En revanche, en affaires, la capacité du Cochon à finir un travail commencé profitera au Tigre, tout en étant quelquefois source de conflits mineurs. L'enfant Cochon demandera toujours à son parent Tigre de lui procurer une vie de famille plus stable.

LES RELATIONS DU LIÈVRE AVEC...

le Rat Leur association n'est pas des plus heureuses, que ce soit en amour ou en affaires. Le Rat devra prendre garde à ne pas tromper le Lièvre, tant sur le plan affectif que financier. L'enfant Rat peut paraître égoïste, mais son parent Lièvre saura ne pas montrer trop d'indulgence.

le Bœuf Leur entente sera meilleure en amour qu'en affaires, à moins que pour eux, l'argent ne compte pas. L'enfant Bœuf est très dévoué. Plus tard, il saura être un soutien pour son parent Lièvre.

le Tigre Très bonne association de partenaires complémentaires. Le Tigre réussit s'il est mené par le Lièvre ; de plus il est très tolérant dans sa vie sentimentale comme dans son travail. Malgré des tempéraments très différents, les parents Lièvres sont très proches de leurs enfants Tigres.

avec un autre Lièvre Les liens affectifs et familiaux sont très forts entre les Lièvres. En revanche, dans les affaires, leur association n'est pas très efficace, à moins qu'ils ne s'allient à une autre personne, plus ambitieuse. L'enfant Lièvre est très affectueux envers son parent Lièvre.

le Dragon Le Lièvre sera peut-être très attiré par le charisme du Dragon mais la réciproque est peu probable. En affaires comme en amour, risques de malentendus. Les entreprises de l'enfant Dragon impressionneront beaucoup son parent Lièvre.

le Serpent Selon les proverbes chinois, ils forment l'union idéale. La prudence dans les affaires leur est pourtant recommandée. L'enfant Serpent peut se montrer froid et distant, mais ce n'est que timidité : son cœur déborde d'affection.

le Cheval Sans posséder vraiment de points communs, le Lièvre et le Cheval sauront éviter les heurts dans leur vie affective et professionnelle. Les relations humaines sont meilleures si c'est l'homme, dans un couple, qui est natif du Cheval. L'enfant Cheval acquerra très jeune sa maturité.

la Chèvre Très bonne entente sur le plan affectif ; compréhension mutuelle dans les affaires. Le parent Lièvre trouvera beaucoup de joies auprès de son enfant Chèvre qui lui témoignera une grande affection.

le Singe Le Lièvre risque de connaître de grosses déceptions sur le plan sentimental, à moins qu'il apprenne à tolérer les caprices du Singe. Peu de confiance mutuelle dans le vie professionnelle. L'enfant Singe, espiègle, peut poser quelques problèmes à ses parents malgré la grande affection qui les unit.

le Coq Le Lièvre trouve le Coq caustique alors que le Coq, lui, reproche à son partenaire sa désinvolture. Ces deux personnalités complémentaires peuvent constituer de bonnes associations d'affaires mais une véritable union sera plus difficile dans la vie sentimentale. L'enfant Coq, bien que très indépendant, sera dévoué à son parent Lièvre.

le Chien Collaboration solide et durable, à la fois dans le mariage et les affaires, qui risque pourtant de traverser des moments difficiles. Dans les familles nombreuses, il peut arriver que l'enfant Chien soit un peu délaissé au profit des autres. Ce n'est qu'après avoit atteint sa maturité qu'il entretiendra de bonnes relations avec ses parents.

le Cochon Alliance heureuse, surtout dans le mariage. Leur foyer chaleureux est très accueillant. Le Cochon est un collaborateur très efficace dans les affaires. L'enfant Cochon apportera par sa gentillesse beaucoup de joies dans la maison.

LES RELATIONS DU DRAGON AVEC...

le Rat Les unions entre un Rat et un Dragon sont souvent très harmonieuses ; elles font de bons mariages et de fructueuses collaborations en affaires. L'enfant Rat possède des dons artistiques qui comblent les ambitions de son parent Dragon.

le Bœuf Leur relation affective ne sera durable que grâce à des efforts communs. Dans la vie professionnelle, le Bœuf n'est pas toujours satisfait. L'enfant Bœuf ne partage pas souvent les goûts et les intérêts de son parent Dragon, ce qui rend une relation intime assez difficile.

le Tigre Bonne entente entre les individus qui sauront reconnaître leurs talents mutuels. Ils forment une très bonne équipe de travail. A moins que le parent Dragon accepte l'individualité de son enfant Tigre, des risques de conflit portant sur la sécurité et le bien-être de ce dernier peuvent surgir.

le Lièvre Par manque de compréhension mutuelle, ils ne font pas souvent de bonnes paires. En affaires, la confiance réciproque leur fait défaut. Quant à l'enfant Lièvre, il n'agit souvent qu'à sa tête, de l'avis de son parent Dragon.

un autre Dragon Très bonne entente. Ils font de remarquables compagnons de travail et des amis merveilleux. L'enfant Dragon apprécie beaucoup la compagnie de son parent Dragon, souvent très gai.

le Serpent La finesse du Serpent et le flair légendaire du Dragon s'accordent à merveille chez ces deux partenaires, que ce soit en amour ou en affaires. Les parents Dragons apprécient le bon sens et l'esprit logique de leurs enfants Serpents.

le Cheval Un choix très raisonnable pour le flamboyant Dragon qui a besoin de rester en contact avec la réalité. Il trouve en la personne du Cheval un partenaire de confiance dans la vie professionnelle et sentimentale. L'enfant Cheval est mieux organisé que ne voudra l'admettre son parent Dragon.

la Chèvre Leur relation n'est bien souvent qu'éphémère. Une collaboration de longue durée leur demandera des efforts considérables, aussi bien en affaires qu'en amour. L'enfant Chèvre a besoin de toute l'affection et de la compréhension de son parent Dragon.

le Singe Un Singe et un Dragon semblent former un couple étrange. Ils s'en moquent car une profonde compréhension mutuelle les lie. Ils forment ensemble une équipe de travail très efficace. L'enfant Singe, très doué, est une compagnie délicieuse pour ses parents à qui il apporte beaucoup de satisfactions.

le Coq Ces deux personnages se ressemblent et partagent de nombreux intérêts malgré des rapports qui ne sont pas des plus harmonieux. En affaires, chacun profite des compétences de l'autre. L'enfant Coq est peut-être un peu trop indépendant au goût de ses parents Dragons.

le Chien Le Chien et le Dragon possèdent chacun une nature si différente qu'ils constituent, en fait, des partenaires très complémentaires. S'ils peuvent mettre leurs dispositions en commun, ils formeront une très bonne équipe de travail ou un excellent ménage à condition toutefois de pouvoir garder leur liberté individuelle. Il arrivera à l'enfant Chien de manquer de respect envers son parent Dragon qui devra prendre garde à conserver son estime.

le Cochon Le Cochon supportera, avec réticence quelquefois, le caractère capricieux du Dragon. L'enfant Cochon est capable de donner plus d'amour qu'il n'en reçoit de la part de son parent Dragon.

LES RELATIONS DU SERPENT AVEC...

le Rat En amour, leur entente est plutôt bonne, quoique plus intellectuelle que physique. Leur association professionnelle est fructueuse. L'enfant Rat a tendance à ne pas vouloir suivre les conseils de son parent Serpent, préférant n'en faire qu'à sa guise.

le Bœuf Une relation qui se rapproche de celle de maître à esclave, quelquefois passionnelle, jamais raisonnable. En affaires, leur collaboration est pourtant solide et efficace, alliance de la tête et des muscles. L'enfant Bœuf est très dépendant de son parent Serpent.

le Tigre Relations passionnées en amour, souvent de courte durée. En affaires, leurs idées curieuses peuvent engendrer des résultats financiers catastrophiques. L'enfant Tigre est quelquefois agressif envers son parent Serpent, mais il n'est jamais méchant.

le Lièvre Leur union a toutes les chances d'être solide et durable en amour et dans le travail. L'enfant Lièvre apporte de grandes joies à son parent Serpent.

le Dragon Leur association réussit mieux dans la vie professionnelle que sentimentale. L'enfant Dragon, très spontané, étonne son parent Serpent.

un autre Serpent Ils s'estiment beaucoup sur un plan intellectuel. Leurs rapports sont harmonieux en affaires et en amour, mais ces deux partenaires ont besoin de se nourrir l'esprit pour réussir leur union. L'enfant Serpent restera toute sa vie très reconnaissant à son parent Serpent.

le Cheval Leur entente est tantôt bonne, tantôt plus difficile mais sans conflits graves. Le Cheval et le Serpent savent garder une certaine indépendance l'un vis-à-vis de l'autre. L'enfant Cheval ne partage pas toujours les opinions de son parent Serpent. Une véritable communication a du mal à s'établir entre eux.

la Chèvre Leurs relations sont fondées sur des bases solides, qui devraient les amener à une très bonne entente, surtout en affaires. L'enfant Chèvre est très affectueux et s'entend très bien avec son parent Serpent.

le Singe Une union harmonieuse au départ qui peut se dégrader assez vite. En affaires, leur collaboration connaît des périodes difficiles. Les parents Serpents ne savent jamais à l'avance ce que préparent leurs enfants Singes, très indépendants.

le Coq Personnages dont la rivalité est légendaire, ils sont pourtant capables de former une association durable si le Coq n'est pas trop pris par son travail. Leur alliance donne de bons résultats sur un plan professionnel. Les parents Serpents devront aider leurs enfants Coqs à mettre leurs projets ambitieux à exécution.

le Chien Si leurs relations ne durent pas, ce sera sûrement de la faute du Serpent, car le Chien lui restera fidèle même après leur rupture. Association efficace sur le plan des affaires. L'enfant Chien demande à son parent Serpent plus d'affection qu'il ne lui en donne.

le Cochon Le Serpent et le Cochon peuvent être très heureux ensemble mais leurs relations sont généralement assez ternes. En affaires, le Cochon manque souvent d'enthousiasme. L'enfant Cochon se montrera toujours très affectueux, même si ses parents sont plutôt distants.

LES RELATIONS DU CHEVAL AVEC...

le Rat Leur alliance n'a pas beaucoup de chances de durer mais le Rat et le Cheval sauront rester bons amis après leur séparation. Leur association est efficace et désintéressée en affaires. Les parents Chevaux sont quelquefois déçus de constater que leurs enfants Rats ne partagent pas leurs intérêts.

le Bœuf Ces deux partenaires sont aussi traditionalistes l'un que l'autre. Ils mettront du temps à se fixer en amour, mais une fois établis, ils entretiendront de solides relations. Dans leur vie professionnelle aussi, les affaires sont lentes mais sûres. L'enfant Bœuf est très dépendant de son parent Cheval, pour qui il est un bon soutien.

le Tigre Le Cheval a bien choisi son partenaire. Le Tigre lui fait mener une vie sentimentale agréable et intéressante et l'aide dans sa carrière. L'enfant Tigre apporte de grandes joies à son parent Cheval.

le Lièvre Leur alliance n'est pas des plus romantiques car le Cheval est très jaloux. En affaires, des dissensions empêchent leur association d'être très efficace. Les parents Chevaux doivent s'occuper intelligemment de leurs enfants Lièvres ; une attitude maladroite ne ferait qu'envenimer la situation.

le Dragon Leur relation leur permet de vivre des moments extraordinaires. En affaires, les idées du Dragon ne sont pas toujours réalisables. Les parents Chevaux peuvent trouver curieuses les ambitions de leurs enfants Dragons, mais ils lui apporteront leur soutien.

le Serpent Ces deux partenaires ont trop peu d'intérêts en commun pour que leur union soit durable. Le Serpent souhaiterait une relation plus intellectuelle et, en affaires, tous deux se perdent dans des détails. Il se peut qu'au début l'enfant Cheval déçoive son parent Serpent, mais avec le temps, ce sentiment initial se transformera en fierté.

un autre Cheval Ces deux partenaires très unis peuvent être heureux aussi bien en amour que dans leur travail, à condition qu'ils ne s'isolent pas des autres. L'enfant Cheval est très proche de son parent Cheval.

la Chèvre Union très réussie sur un plan sentimental malgré leur peu d'intérêts communs. Ils forment aussi une bonne association d'affaires. L'enfant Chèvre est choyé par son parent Cheval.

le Singe Ils formeront un couple uni malgré leurs divergences d'opinions et des relations parfois orageuses, liés plus souvent par une profonde amitié que par un amour véritable. Ils travailleront efficacement ensemble. Les parents Chevaux respectent les idées de leurs enfants Singes, même si elles sont très différentes des leurs.

le Coq Coq et Cheval forment l'une des associations les plus réussies. Dans sa vie sentimentale, le Coq aura cependant du mal à se libérer totalement de ses soucis professionnels, car il a souvent de grosses responsabilités. L'enfant Coq mène une vie très indépendante de celle de son parent Cheval.

le Chien Très bonne entente en amour. En affaires, une étroite collaboration leur offre toutes les chances de réussite. L'enfant Chien est sérieux, gentil et très attaché à son parent Cheval.

le Cochon Le Cheval apprécie beaucoup la compagnie du Cochon qui le rend très heureux chez lui. Leurs relations professionnelles sont bonnes malgré leur manque d'idées personnelles. Les enfants Cochons font la joie de leurs parents Chevaux.

LES RELATIONS DE LA CHÈVRE AVEC...

le Rat Leurs relations sentimentales ou professionnelles sont parfois assombries par une certaine méfiance mutuelle. L'enfant Rat est très indépendant.

le Bœuf Les Chèvres et les Bœufs ont de nombreux intérêts communs et dans l'ensemble, ils forment de bons ménages à condition qu'ils ne se querellent pas à propos de détails sans importance. L'enfant Bœuf peut se montrer brutal mais son parent Chèvre le supporte bien et leurs relations sont excellentes.

le Tigre Leur union a toutes les chances de durer si la Chèvre accepte de tenir le second rôle. L'enfant Tigre continuera, adulte, à procurer de grandes joies à son parent Chèvre.

le Lièvre C'est une entente comme la leur qui fait les bons mariages ! En affaires, leur association est harmonieuse mais manque de perspicacité. L'enfant Lièvre fait le bonheur de son parent Chèvre dans une famille très unie.

le Dragon Relations intenses mais orageuses dans une vie sentimentale où les conflits seront fréquents. En affaires, leur collaboration n'est pas des plus pacifiques. L'enfant Dragon est très différent de son parent Chèvre mais il fait sa fierté.

le Serpent Le Serpent brillant et prudent apporte son entrain à leur couple. Leurs relations sentimentales et professionnelles sont excellentes. Les parents Chèvres auront beaucoup de satisfactions avec leurs enfants Serpents, très doués et très affectueux.

le Cheval Très bonne entente, à la fois en amour et dans le travail. Leurs relations sont solides et durables. Les parents Chèvres et les enfants Chevaux sont liés par une grande complicité.

une autre Chèvre Ces deux-là s'accordent bien ensemble. Ils forment de bons ménages et des associations d'affaires efficaces. L'enfant Chèvre est souvent le préféré de son parent Chèvre.

le Singe La Chèvre et le Singe se comprennent difficilement et forment un couple étrange. Leur association ne peut durer que s'ils s'accordent mutuellement, en amour comme dans leur travail, une grande liberté. L'enfant Singe, plutôt renfermé sur lui-même, semble assez personnel à la Chèvre.

le Coq Le Coq est un bon partenaire. Il stimule la paisible Chèvre. Leur association se révèle très efficace en affaires. En amitié, c'est le Coq qui mènera l'équipe. Les parents Chèvres seront fiers des exploits de leurs enfants Coqs.

le Chien Dans leurs relations professionnelles ou sentimentales, le Chien a tendance à dominer la Chèvre qui n'est pas toujours consentante. Le jeune enfant Chien semble parfois insupportable mais il grandira en sagesse et fera la joie de son parent Chèvre.

le Cochon Relations excellentes en famille. En affaires, elles seront efficaces dans le cadre d'une petite entreprise traditionnelle. L'enfant Cochon se montrera très affectueux et très gentil envers son parent Chèvre dans une famille généralement très unie.

LES RELATIONS DU SINGE AVEC...

le Rat Très bonne entente sur le plan sentimental, où chacun des deux partenaires apprécie les qualités de l'autre. Leur collaboration est efficace en affaires où ils mettent à profit leurs expériences propres. L'enfant Rat peut sembler réservé mais son parent Singe sait qu'il lui est profondément attaché.

le Bœuf Le Bœuf n'est peut-être pas un compagnon entraînant mais il apporte son équilibre à leur union. Relations professionnelles durables. L'enfant Bœuf est digne de confiance ; il apporte son soutien et sa stabilité à son parent Singe qui lui en est reconnaissant.

le Tigre Relations fragiles en amour — parce que souvent passionnelles — comme en affaires, à cause du nombre élevé d'obstacles qu'ils auront à franchir. L'enfant Tigre peut trouver trop pesante l'inquiétude de son parent Singe à son sujet.

le Lièvre Association chancelante où une compréhension mutuelle semble difficile. Méfiance réciproque en amour et en affaires. L'enfant Lièvre déçoit parfois son parent Singe, simplement parce qu'ils n'ont pas la même échelle de valeurs.

le Dragon Leur amour peut sembler étrange, mais il est profond. Ils forment d'excellentes associations dans la vie professionnelle car leurs personnalités se complètent. L'enfant Dragon possède certaines qualités de son parent Singe.

le Serpent Leur entente ne sera peut-être pas excellente mais ils auront du mal à se passer l'un de l'autre, aussi bien dans leur vie privée qu'en affaires. L'enfant Serpent peut paraître froid et distant, mais son parent Singe doit savoir qu'il a un grand besoin d'affection.

le Cheval Le Cheval et le Singe savent transformer leurs relations en une longue et profonde amitié lorsque l'amour a disparu. Leur collaboration est solide en affaires. Les parents Singes peuvent avoir confiance en leurs enfants Chevaux, très travailleurs.

la Chèvre Entente sans heurts, mais sans réels intérêts communs, à la fois dans la vie professionnelle et sentimentale. L'enfant Chèvre, parfois distant, témoigne une grande affection à ses parents.

un autre Singe Ils estiment former un couple parfait et se moquent de ce que peuvent penser les autres. En affaires, leur association a besoin de l'équilibre d'un troisième partenaire. Si l'enfant Singe a quelques difficultés, qui blâmer, sinon ses parents ?

le Coq Le Coq et le Singe savent reconnaître leurs talents mutuels malgré une affection qui peut apparaître superficielle. Leur association de travail trouvera sa place dans un cadre insolite, peut-être dans le monde du spectacle. Le parent Singe et l'enfant Coq auront ensemble des moments de grande joie.

le Chien Union durable malgré leurs différences : le Chien se révèle un personnage solide dans l'adversité. L'enfant Chien est profondément attaché à son parent Singe.

le Cochon Leurs relations sont souvent tendues car leurs priorités sont différentes. En amour comme en affaires, le Singe place sa carrière au premier plan. Pour le Cochon, c'est la famille la plus importante. L'enfant Cochon demande beaucoup d'amour et d'attention à son parent Singe.

LES RELATIONS DU COQ AVEC...

le Rat Le Rat trouve souvent ses relations avec le Coq un peu ternes en amour et en amitié. Sur le plan des affaires, leurs opinions divergent. L'enfant Rat, très indépendant, se montre parfois distant.

le Bœuf Leur ménage est durable ; le Bœuf et le Coq parviennent à rester en bons termes même quand l'amour a disparu. En affaires, leur collaboration est des plus efficaces. Les parents Coqs apprécieront beaucoup le sérieux et l'application de leur enfant Bœuf.

le Tigre Le Tigre et le Coq ne partagent pas les mêmes intérêts, d'où des relations entre eux quelque peu agitées : des orages fréquents dans leur vie sentimentale et une situation peu confortable dans les affaires. Les parents Coqs devront surveiller de très près l'éducation de leurs enfants Tigres pour que leurs capacités s'épanouissent pleinement.

le Lièvre Une attirance physique très forte au départ ne conduit pas toujours à des relations durables. Dans le travail, ils forment de bonnes équipes complémentaires, sans pourtant toujours partager les mêmes idées. L'enfant Lièvre, parfois paresseux et négligent, fait tous ses efforts pour contenter son parent Coq.

le Dragon Ces deux personnages hors du commun s'accordent très bien sur le plan sentimental, comme en affaires, où ils savent respecter leurs idées mutuelles. L'enfant Dragon aime jouer des tours à son parent Coq.

le Serpent D'après les légendes chinoises, ils ne feraient pas de bons ménages. C'est le contraire en affaires, où leur collaboration donne de bons résultats. L'enfant Serpent est la fierté de son parent Coq.

le Cheval Le Coq et le Cheval ont peu d'intérêts communs, c'est pourquoi leurs relations seront difficilement intimes. L'enfant Cheval choisira très tôt l'indépendance.

la Chèvre Beaucoup d'amour et une entente durable entre ces deux partenaires. En affaires la Chèvre, solide et travailleuse, est une bonne alliée pour le Coq. L'enfant Chèvre déborde d'affection pour son parent Coq.

le Singe Leurs scènes de ménage, parfois très orageuses, étonnent ceux qui savent que leurs relations sont profondes et sincères. En affaires, malgré des heurts, ils forment une équipe de travail efficace. L'enfant Singe demande à être suivi de près dans ses études par son parent Coq.

un autre Coq Deux Coqs ensemble ont tendance à se battre. Ces deux partenaires devront veiller à garder leur indépendance s'ils veulent que leurs relations sentimentales ou professionnelles soient harmonieuses. Les parents Coqs prendront garde à ne pas laisser leurs enfants Coqs voler trop tôt de leurs propres ailes.

le Chien Côté cœur, la vie n'est pas toujours facile, sauf si le Coq sait dissocier affaires et vie privée. Dans sa vie professionnelle, le Chien aura tendance à fuir les responsabilités. L'enfant Chien restera cependant toujours dévoué à son parent Coq qu'il entoure d'une profonde affection.

le Cochon Le Coq et le Cochon sont deux partenaires qui se comprennent et se complètent, l'un privilégiant la carrière et l'autre, la maison. Les parents Coqs trouveront toujours un grand réconfort chez leurs enfants Cochons.

LES RELATIONS DU CHIEN AVEC...

le Rat Le Rat et le Chien sont de bons amis. Leur relation profonde saura chasser bien des orages. L'enfant Rat est une source de grande joie pour son parent Chien.

le Bœuf Une entente qui ne sera pas sans nuages car chacun trouve l'autre envahissant. Un peu d'indulgence apporterait une harmonie certaine dans leurs relations, tant sur le plan sentimental que professionnel. L'enfant Bœuf n'aime pas que son parent Chien s'occupe de ses affaires.

le Tigre Les Tigres et les Chiens forment de bons ménages qui aiment les fêtes et partagent de nombreux intérêts. Leur collaboration est efficace en affaires. Les parents Chiens peuvent être satisfaits de leurs enfants Tigres.

le Lièvre Des relations fondées principalement sur l'attirance physique peuvent-elles durer ? En affaires, pour que leur équipe soit plus compétente, il faut que ces deux partenaires resserrent leurs liens. L'enfant Lièvre aura parfois des problèmes de communication avec son parent Chien sur des questions importantes.

le Dragon Union quelque peu boiteuse, le Chien n'appréciant pas beaucoup le côté voyant du Dragon. Dans le travail, ils ne se font pas totalement confiance. Les parents Chiens ne seront pas toujours en mesure de voir les talents de leurs enfants Dragons.

le Serpent Cette union n'est pas des plus harmonieuses et des plus durables car le Chien et le Serpent n'ont pas beaucoup de points communs. Ils ont souvent du mal, dans leur vie professionnelle, à mener leurs affaires à terme. Les parents Chiens ne cerneront pas toujours les ambitions de leurs enfants Dragons.

le Cheval Le Cheval est de loin le meilleur partenaire pour le Chien. Ensemble ils partagent les mêmes idées et se comprennent parfaitement. Ils forment de très bonnes équipes de travail. L'enfant Cheval saura remercier son parent Chien de sa gentillesse.

la Chèvre Des pleurs côté cœur, des conflits côté travail, et malgré tout, des moments de grand bonheur. Une union faite d'amour et de haine. L'enfant Chèvre ne se sentira bien chez lui que si son parent Chien l'entoure beaucoup.

le Singe Il forme avec le Lièvre un couple drôle qui profite pleinement de la vie. Dans la vie professionnelle, ces deux partenaires ont une façon si peu conventionnelle d'aborder des sujets sérieux qu'ils réussissent presque toujours ce qu'ils entreprennent. L'enfant Singe est un peu trop remuant au goût de son parent Chien. Une intimité entrecoupée de conflits règne entre eux.

le Coq Selon les légendes chinoises, ils ne vont pas très bien ensemble, peut-être parce qu'ils ont besoin d'une grande affection réciproque pour faire un bout de chemin ensemble. Leur vie sentimentale est une succession de malentendus. Une méfiance réciproque les empêche de réussir pleinement leur vie professionnelle. Les parents Chiens trouvent souvent leurs enfants Coqs un peu trop indépendants.

un autre Chien En amour comme en affaires, ces deux partenaires se connaissent à fond. L'enfant Chien et son parent Chien sont complices.

le Cochon Relations solides et durables, parfois cependant un peu ternes, en amour et dans le travail. En famille, ils sont très unis. L'enfant Cochon donne toute son affection à son parent Chien qui la lui rend bien.

LES RELATIONS DU COCHON AVEC...

le Rat Le Rat et le Cochon parviennent à bien s'entendre sans avoir pourtant beaucoup en commun. Dans le mariage, c'est souvent le partenaire le plus jeune qui gagne l'argent du ménage. En affaires, ils forment de bonnes équipes efficaces. L'enfant Rat peut parfois s'ennuyer chez lui.

le Bœuf Entente conventionnelle, mais stable, qui fait de bons mariages. Le Bœuf est un excellent partenaire de travail pour le Cochon. L'enfant Bœuf fera la joie de son parent Cochon tout au long de sa vie.

le Tigre Relations souvent orageuses et menant aux larmes. Des conflits sont possibles en affaires où le Tigre et le Cochon ont du mal à trouver un terrain d'entente. L'enfant Tigre aura envie de quitter très jeune la maison de son parent Cochon.

le Lièvre Leur entente est des plus harmonieuses dans le mariage. Ils forment souvent des familles très unies avec de nombreux enfants. En affaires, leur collaboration profite à chacun. L'enfant Lièvre procure de grandes joies à son parent Cochon.

le Dragon Leurs relations sont compliquées : une vie sentimentale pas toujours rose, et une vie professionnelle qui traverse souvent des moments difficiles ! L'enfant Dragon risque de déconcerter son parent Cochon qui ne devra pas abuser de son influence.

le Serpent Le Serpent peut faire souffrir le Cochon dans leur vie sentimentale commune. Ces deux partenaires très différents s'aperçoivent généralement trop tard de leurs erreurs. L'enfant Serpent, très indépendant, apparaît quelquefois agité à son parent Cochon.

le Cheval Un Cheval et un Cochon peuvent compter sur leur appui mutuel. Ils entretiennent généralement de très bonnes et très solides relations dans un couple, surtout si c'est l'homme qui est natif du Cheval. Associés en affaires, ils iront au succès. L'enfant Cheval est très vigoureux et se montre très raisonnable dans ses rapports avec son parent Cochon.

la Chèvre En famille, ils ont toutes les chances d'être heureux. En affaires, ils parviennent toujours à de bons arrangements ; l'enfant Chèvre fera toujours honneur à son parent Cochon.

le Singe Une union qui se termine proverbialement dans les larmes. Trop de différences séparent le Singe et le Cochon qui n'ont pas la même échelle de valeurs morales. Ils auront intérêt, dans leur vie professionnelle, à rester chacun dans des limites bien définies. Les parents Cochons s'inquiètent souvent au sujet de leurs enfants Singes.

le Coq Leur relation fragile résiste pourtant à des discussions vives sur d'importantes questions comme la famille ou le travail. Dans les affaires, ils auront aussi intérêt à dire clairement ce qu'ils pensent. L'enfant Coq surprend son parent Cochon par ses talents cachés.

le Chien Un Chien est un partenaire très fidèle pour le Cochon. Leur vie familiale sera heureuse, mais sans plus. En conséquence, la vie peut parfois se présenter comme une longue attente. Ils forment généralement en affaires des associations solides, mais manquant d'idées neuves. L'enfant Chien aime profondément sa famille. Il est très dévoué envers son parent Cochon.

un autre Cochon Très heureux ensemble, deux Cochons forment un foyer uni. En affaires, ils remettent les problèmes à plus tard. L'enfant Cochon ne sera jamais plus heureux que chez lui, avec son parent Cochon.

Ce qui quelquefois apparaît comme un malheur ouvre souvent les portes de la chance.

D'après Tao Teh Ching (Le Livre du Tao)
Lao Tzu

禍兮福之所倚

Établir un Horoscope

Depuis très longtemps, on sait établir et interpréter un horoscope à l'aide de savants calculs. Dans cet ouvrage nous vous les livrons, simplifiés, pour permettre à tous de déchiffrer les secrets de l'astrologie chinoise.

Prenez quelques feuilles de papier, un crayon, et tournez la page...

Pour établir un horoscope chinois, il faut tout d'abord adapter la date de naissance de l'individu né en Occident au calendrier chinois. Nous utiliserons une table de conversion suffisamment simple pour être utilisée par tous, mais aussi assez précise pour que chaque jour de ce siècle y soit répertorié.

Vous trouverez à la fin de ce chapitre des tableaux permettant d'obtenir des résultats semblables à ceux des anciens almanachs publiés autrefois par le Bureau impérial des rites et à ceux des nouveaux calendriers officiels édités par le gouvernement chinois. Leur utilisation peut paraître décourageante à première vue ; pourtant, en suivant pas à pas nos indications, vous constaterez que les calculs ne sont pas si difficiles. Il vous suffira d'effectuer quelques additions ou soustractions très simples. Pas besoin de connaissances mathématiques ou techniques particulières !

La préparation d'un horoscope chinois se fait en quatre étapes, toutes aussi importantes les unes que les autres : conversion de votre date de naissance dans le système chinois, calcul des quatre Piliers, définition des éléments prédominants et, enfin, interprétation de l'horoscope afin de connaître ce que vous réserve le destin.

Vous aurez besoin d'une feuille de papier, de préférence rayée, pour effectuer vos premiers calculs. Vous pourrez écrire en haut de la page : « Calculs », puis juste en dessous :

- le nom de la personne pour laquelle est établi l'horoscope (nous l'appellerons le *demandeur*)
- la date de naissance du demandeur : jour, mois et année
- l'heure de sa naissance, s'il la connaît, sinon indiquez « minuit ». C'est une heure moyenne qui minimise toutes les contradictions possibles.

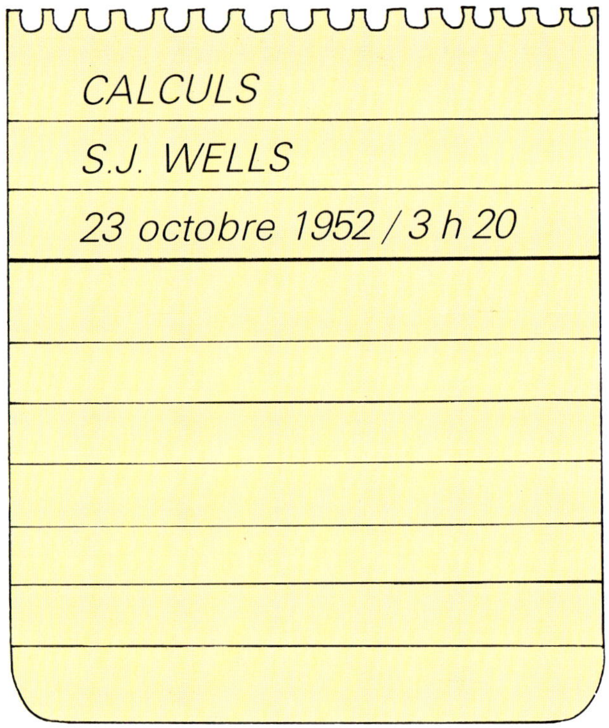

Adaptation de l'heure et de la date de naissance

Que vous soyez né à Sydney ou à San Francisco, votre heure locale est valable en astrologie chinoise. Aucun ajustement de lieu géographique n'est nécessaire. Cependant, si votre heure de naissance est comprise entre 23 heures et minuit, il faudra prendre en compte le jour suivant comme jour de naissance, car en Chine le jour commence à 23 heures. Si c'est l'heure d'été qui est en cours, vous retrancherez une ou deux heures de votre heure de naissance. Remarquez que dans certains cas, ces deux intervalles de temps s'annulent.

Écrivez maintenant les lettres de l'alphabet de **A** à **L** les unes au-dessous des autres, comme le montre la figure ci-contre. Vous voilà prêt à commencer les calculs !

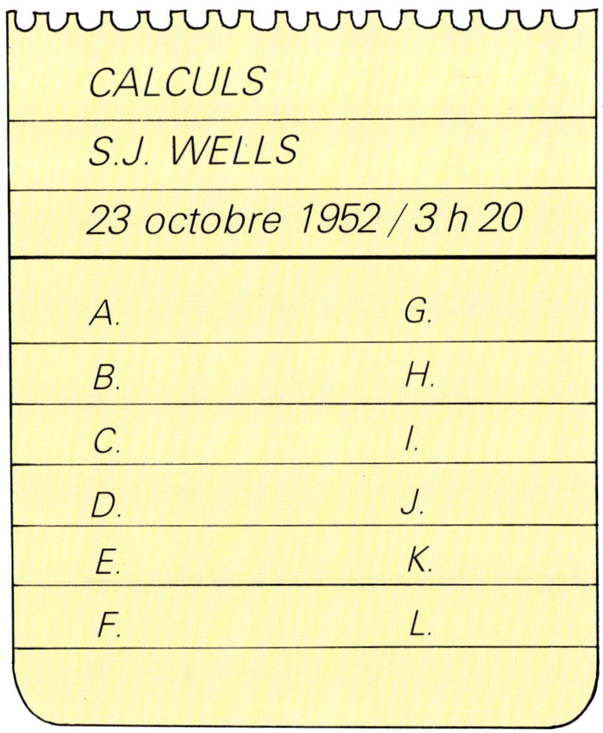

Convertir la date

A. A côté de la lettre **A**, notez le jour de naissance. Exemple : 23 octobre 1952, 3 h 20. Le jour est **23**, c'est donc **23** que vous inscrirez en **A**.

B. A l'aide du tableau de la page 83, trouvez le nombre codé qui correspond au mois de naissance. En ce qui nous concerne, le code pour octobre est **35**.

C. Regardez maintenant le tableau II de la page 83. Trouvez le chiffre codé de votre année de naissance. Écrivez-le en **C**. Pour 1952, ce chiffre est **42**.

D. Une rectification s'impose pour les années bissextiles. Si le demandeur est né une année bissextile, le 1er mars ou après, écrivez **1** à côté de la lettre **D**. Sinon, inscrivez **0**. Les années bissextiles sont celles dont les deux derniers chiffres sont divisibles par quatre ; 1952 était une année bissextile, c'est pourquoi nous plaçons un **1** en **D**.

E. Ajoutez les nombres **A, B, C, D**. Si le total fait **121** ou plus, ôtez **120**. Si le total est compris entre **60** et **120** (inclus), enlevez **60**. Pour nous **A + B + C + D = 23 + 35 + 42 + 1 = 101**. Enlevons **60**. Il reste **41**. Ce chiffre, que nous allons faire figurer en **E**, est très important pour la suite.

F. Notez le dernier chiffre du nombre inscrit en **E**. Il représentera la Tige du jour. Inscrivez-le en **F**, précédé des mots « Tige du jour ». Dans notre exemple, **E = 41**. Le dernier chiffre est **1**. Notre Tige du jour est **1**.

G. Reportez-vous au tableau III de la page 83 qui vous indiquera le nombre cyclique de votre heure de naissance. Trouvez la Tige du jour dans la colonne de gauche et déplacez-vous sur le tableau jusqu'à votre heure de naissance. Inscrivez le nombre trouvé en **G**. Dans notre exemple, l'heure de naissance est 3 h 20. Dans la troisième colonne du tableau III, en suivant la ligne de tige du jour **1**, nous trouvons le chiffre **3**. Nous l'écrivons donc à côté de la lettre **G**.

H. Tournez la page et observez le tableau IV du calendrier chinois. Vous devez trouver, dans la colonne de gauche, l'année chinoise dans laquelle se situe la date de naissance de notre demandeur. Dans la colonne de droite, vous lirez le nombre cyclique de l'année. Écrivez-le en **H**. Pour nous, le 23 octobre 1952 se trouve dans l'année chinoise qui commence le 23 janvier 1952. Dans la colonne de droite correspondante, nous trouvons le chiffre **29**. C'est donc **29** que nous écrirons en **H**.

CALCULS	
S.J. WELLS	
23 octobre 1952 / 3 h 20	
A. 23	G.
B. 35	H.
C. 42	I.
D. 1	J.
E. 41	K.
F. Tige du jour : 1	L.

CALCULS	
S.J. WELLS	
23 octobre 1952 / 3 h 20	
A. 23	G. 3
B. 35	H. 29
C. 42	I.
D. 1	J.
E. 41	K.
F. Tige du jour : 1	L.

I. Vous aurez certainement remarqué que, dans ce tableau, figurent les signes animaux et l'élément de l'année. Inscrivez-les en **I**. Dans l'exemple qui nous intéresse, nous remarquons que 1952 était une année **Eau-Dragon**.

J. Nous allons maintenant étudier le mois de naissance. Reportez-vous à nouveau au tableau IV de la page 84 et cherchez l'année de naissance qui vous intéresse. En haut de la première colonne sont numérotés les mois chinois. Inscrivez le vôtre en **J**. Nous sommes, nous, concernés par le 23 octobre 1952. Rangée 1952, nous trouvons le 23 octobre dans la colonne du 9ᵉ mois. Nous allons donc inscrire en **J 9ᵉ mois**.

K. Maintenant, nous allons chercher le jour chinois de la naissance de notre demandeur. Comptez les jours à partir du début du mois chinois (voir en **J**) jusqu'à votre date. Inscrivez le nombre trouvé en **K**. Exemple : le premier jour du mois qui nous intéresse est le 19 octobre. Le 23 est le 5ᵉ jour du mois. Inscrivons **5ᵉ jour en K**.

Vous remarquerez que le calendrier chinois est un peu plus court que l'année solaire. Pour empêcher un décalage entre les mois et les saisons, on a doublé certains mois qui ont ainsi 59 ou 60 jours. Ces mois « intercalaires » tombent sept fois dans une période de dix-neuf ans. C'est pourquoi vous pourrez avoir en **K** un nombre allant jusqu'à 60.

L. Revenons à un jour important, le premier jour du mois chinois que nous avons commencé à apercevoir en **J**. Dans le tableau IV page 84, juste sous votre date, vous pouvez lire un nombre : le signe cyclique du mois. Écrivez en **L** celui qui vous intéresse. Pour nous, sous le 19 octobre, figure le nombre **47**. Inscrivons-le en **L**.

Vous possédez maintenant toutes les données nécessaires pour établir un horoscope. Résumons les points importants :

La date chinoise : jour **K**, mois **J** de l'année **I**. (Notre exemple : 5ᵉ jour du 9ᵉ mois, année Eau-Dragon.)

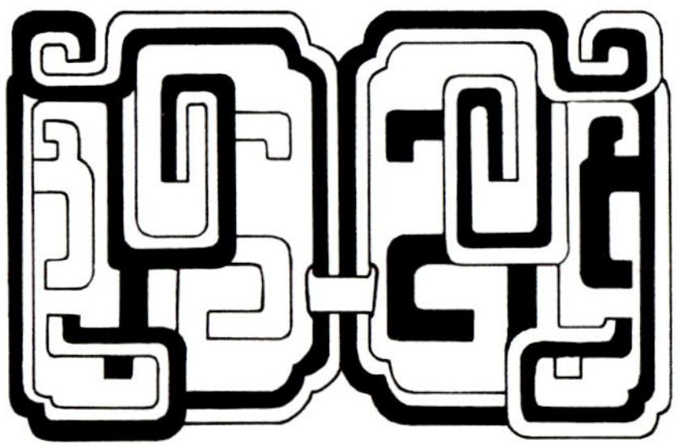

CALCULS	
S.J. WELLS	
23 octobre 1952 / 3 h 20	
A. 23	G. 3
B. 35	H. 29
C. 42	I. Eau-Dragon
D. 1	J. 9ᵉ mois
E. 41	K. 5ᵉ jour
F. Tige du jour : 1	L. 47

Les quatres signes cycliques :

l'heure	—	**G**
le jour	—	**E**
le mois	—	**L**
l'année	—	**H**

(Dans notre exemple : **3, 41, 47** et **29**.)
Vous voilà prêt pour étudier votre horoscope.

Étudier un horoscope

Au cœur de tous les horoscopes chinois se trouvent les quatre Piliers du destin et les cinq éléments qui leur sont associés. Pour que les calculs essentiels soient complets, il faut vous reporter au tableau V de la page 89 ; vous y trouverez l'élément associé à chacun des quatre Piliers. On y lit en effet les quatre nombres cycliques déjà établis.

Vous souhaiterez certainement inscrire vos résultats dans un tableau de « professionnel », comme ceux des pages 92-95. Vous pouvez en tirer des photocopies pour votre usage personnel mais la vente en est interdite.

Prenez maintenant une autre feuille de papier, en haut de laquelle vous écrirez : « Notes pour un horoscope », selon le modèle ci-dessous.

En haut de chaque colonne, sous les titres, indiquez les quatre nombres cycliques appropriés, c'est-à-dire les nombres déjà portés en **G, E, L** et **H** de votre feuille de calculs. Reportez-vous ensuite au tableau V, page 89. Cherchez vos quatre nombres cycliques dans la colonne de gauche. En partant de là, vous pouvez trouver le chiffre qui correspond à la Tige du jour (**M**), à la Branche (**N**), à l'élément de la Tige du jour (**O**), à celui de la Branche (**P**) et l'élément combiné Tige-Branche (**Q**). Reportez toutes ces informations dans les colonnes appropriées de votre tableau (ci-dessus).

	HEURE (**G**)	JOUR (**E**)	MOIS (**L**)	ANNÉE (**H**)
TIGE (**M**)				
BRANCHE (**N**)				
ÉLÉMENT DE LA TIGE (**O**)				
ÉLÉMENT DE LA BRANCHE (**P**)				
ÉLÉMENT TIGE-BRANCHE (**Q**)				

NOTES D'HOROSCOPE

S.J. WELLS

	HEURE (G) 3	*JOUR (E) 41*	*MOIS (L) 47*	*ANNÉE (H) 29*
TIGE (M)	*3*	*1*	*7*	*9*
BRANCHE (N)	*III*	*V*	*XI*	*V*
ÉLÉMENT DE LA TIGE (0)	*Feu*	*Bois*	*Métal*	*Eau*
ÉLÉMENT DE LA BRANCHE (P)	*Bois*	*Terre*	*Terre*	*Terre*
ÉLÉMENT TIGE-BRANCHE (Q)	*Feu*	*Feu*	*Métal*	*Eau*

Interprétation du tableau de la date de naissance

Après avoir rempli ces colonnes, faites une liste des cinq éléments (Bois, Feu, Terre, Métal et Eau) en notant, à côté de chacun d'eux, la fréquence avec laquelle ils apparaissent dans vos notes d'horoscope.

Comme il existe douze positions possibles pour ces cinq éléments, il ne peut jamais y avoir un équilibre parfait de tous les éléments du tableau. Un total de deux ou de trois est très bon car, dans un horoscope, une proportion harmonieuse des cinq éléments indique une vie équilibrée et bien remplie.

Un chiffre de moins de deux pour un élément indique qu'un autre élément aura un total très élevé. De tels déséquilibres peuvent être compensés par des efforts pour développer les qualités récessives de son caractère. Si un élément est absent de votre tableau, vous pourrez y remédier en vous associant, dans votre vie privée ou professionnelle, à des personnes dont le tableau indique une prédominance de l'élément qui manque chez vous. Il est important de noter que quelquefois, un élément peut manquer simplement parce que la date de naissance de la personne est imprécise, ou inconnue.

BOIS	FEU	TERRE
2	3	3
EAU	MÉTAL	
2	2	

Un chiffre de quatre pour un élément indique les points forts de l'individu et les domaines dans lesquels il a le plus de chances de réussir. Cependant, si ce total est supérieur à quatre, il faudra prendre garde à ce que ces qualités ne deviennent pas des défauts. Si elles ne sont pas dirigées dans une direction bien précise, ces forces potentielles peuvent se transformer en obsession, en une ambition impitoyable ou en un complexe de supériorité.

Autre point important : tout au long de la vie, les éléments évoluent toujours dans le même ordre (Bois, Feu, Terre, Métal, Eau). L'élément d'un moment précis peut aider ou empêcher l'activité des différentes sphères d'activité. Chaque année, chaque saison, chaque mois, chaque jour et chaque heure a son propre signe cyclique déterminé par son propre élément qui peut être soit en harmonie, soit en conflit avec ceux du tableau de l'horoscope. Si vous dressez des horoscopes pour des dates ou des périodes bien précises, en tenant compte des quatre Piliers et de leurs éléments associés, vous pourrez les comparer avec votre horoscope et voir ainsi si vous êtes dans une période favorable ou non.

Les éléments de la personnalité

Voici un résumé des principaux traits de la personnalité qui apparaissent avec l'étude des cinq éléments. Ils varient selon la prédominance d'un élément ou d'un autre dans votre propre tableau, mais vous pouvez vous inspirer de nos résultats pour l'analyse du caractère.

Bois (la créativité)
Total de zéro ou de un : conservateur, ordonné, minutieux.
Total de deux ou trois : créatif, artiste, cultivé, affectueux.
Total de quatre : très créatif, très artiste, esprit inventif.
Total supérieur à quatre : très imaginatif, excessif, d'avant-garde.

Feu (la stimulation)
Total de zéro ou de un : tempérament égal, accueillant, tranquille.
Total de deux ou trois : vif, plein d'entrain, actif, stimulant.
Total de quatre : influent, perspicace, énergique.
Total supérieur à quatre : incapable de se maîtriser, excentrique, très enjoué.

Terre (la stabilité)
Total de zéro ou de un : docile, irréfléchi.
Total de deux ou trois : sérieux, loyal, sens pratique.
Total de quatre : sens pratique très développé, expansif, audacieux.
Total supérieur à quatre : solide, réfléchi, déterminé, obstiné.

Métal (le courage)
Total de zéro ou de un : gentil, généreux, indécis.
Total de deux ou trois : malin, esprit de compétition, sportif.
Total de quatre : trop direct, audacieux, sens des affaires.
Total supérieur à quatre : téméraire, esprit de compétition, froid.

Eau (la communication)
Total de zéro ou de un : secret, timide, réservé, prudent.
Total de deux ou trois : intelligent, bavard, brillant, lucide.
Total de quatre : très communicatif, éloquent, aventureux.
Total supérieur à quatre : loquace, nomade, intellectuel.

Les Tiges de la chance

Dans votre tableau, vous trouverez quatre Tiges différentes en M. Les astrologues d'autrefois affirmaient que trois combinaisons particulières de ces tiges étaient favorables : 2-3-4, 1-5-7 et 8-9-10. Dans un horoscope, la présence d'un ou plus de ces groupes indique que la personne est promise à un grand avenir. Les tiges formant des suites régulières (1-3-5, 2-4-6, 1-4-7) annoncent aussi le succès.

Les paires « opposées » sont aussi signe de chance ; si les nombres de 1 à 10 sont inscrits dans un cercle, les paires 1-6, 2-7, 3-8, 4-9 et 5-10 seront « opposées ». Dans l'horoscope, elles sont signe d'une vie particulièrement heureuse et paisible.

Les Branches de l'harmonie

Parallèlement à ces tiges porteuses de chance, certaines combinaisons particulières des Branches, représentées par les chiffres de I à XII, sont aussi de très bons augures. On peut les reconnaître en les inscrivant dans un cercle. Les branches placées sur le XII, le IV et le VIII du cadran sont très compatibles entre elles et, sur un horoscope, elles révèlent une tendance marquée pour la paix et la tranquillité. Les branches séparées par deux heures sont aussi très favorables ; elles témoignent d'un esprit en harmonie avec lui-même. Une heure d'intervalle n'indique rien de bon ni rien de mauvais, alors qu'un écart de trois heures laisse entrevoir un caractère belliqueux. Les « opposées » (c'est-à-dire les branches séparées par un intervalle de six heures) sont franchement incompatibles et témoignent de conflits intérieurs.

Vous venez d'établir un horoscope de base pour une date de naissance donnée. A partir de là, vous allez pouvoir accéder à l'étude des caractères proprement dite, en vous appuyant sur l'animal de l'année. Les chiffres des cinq éléments présents dans le tableau vous révéleront davantage de détails sur la personnalité. Plus vous travaillerez à ces horoscopes, plus vous y prendrez goût et deviendrez habile. Vous trouverez dans cet ouvrage toutes les informations dont vous aurez besoin.

Le tableau du cycle de la vie

Nous en arrivons à la partie la plus intéressante de l'horoscope chinois : établir le tableau du cycle de la vie qui va nous permettre de découvrir les hauts et les bas de l'existence.

Selon l'astrologie chinoise, la durée de la vie est divisée en douze phases distinctives, qui vont de la conception à la mort et portent les noms de *Palais du cycle de la vie.* Ce sont :

(VIII) la conception	(IX) la période du berceau	(X) la petite enfance
(XI) l'enfance	(XII) l'adolescence	(I) *Kuan Tai*
(II) l'âge adulte	(III) la maturité	(IV) la retraite
(V) le déclin	(VI) les dernières années	(VII) les funérailles

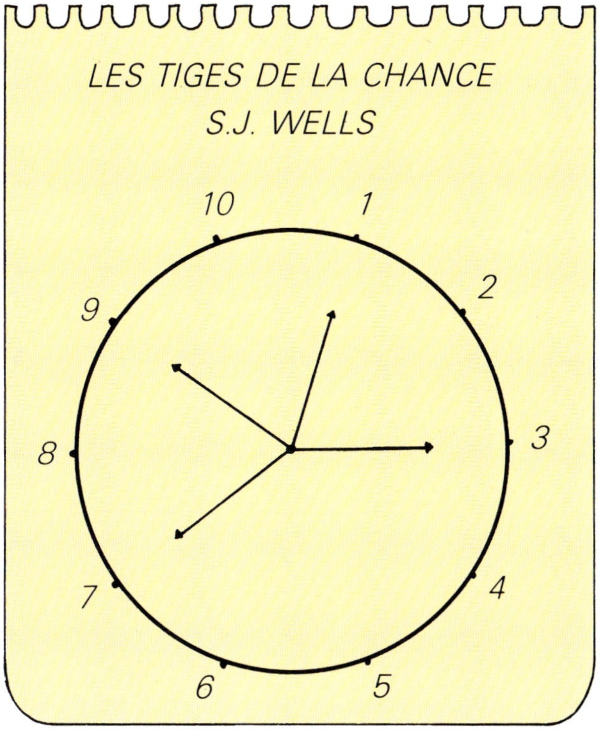

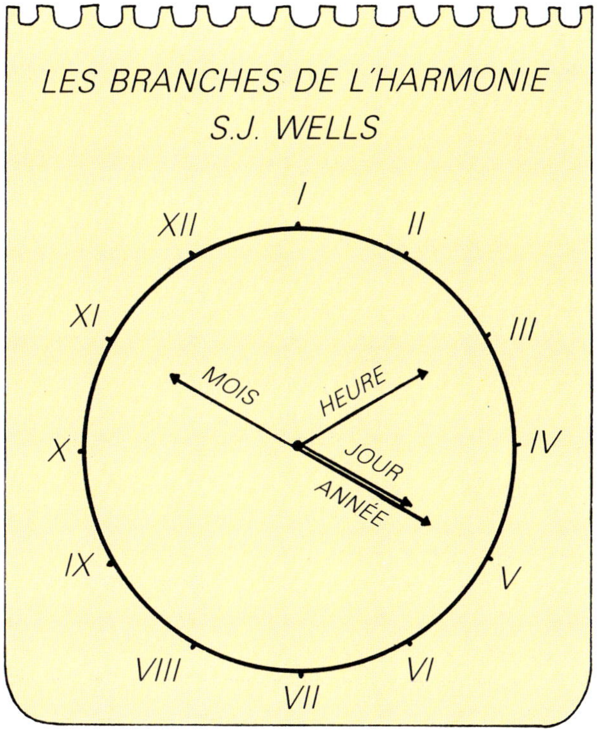

Il faut remarquer que le *Kuan Tai* (moment de la vie où l'individu termine ses études ou son apprentissage) se situe aux environs de vingt et un ans et est cependant le *premier* des Palais du cycle de la vie. Il représente le point culminant du tableau.

L'importance de ces phases de la vie varie selon l'impact des cinq forces qui sont le *Destin*, le *Bonheur*, les *Autorités*, la *Fortune* et la *Chance*. Pour trouver leur influence aux différents âges de la vie, il faut effectuer certains calculs.

Recherchez dans vos notes d'horoscope l'élément de la Branche de l'année de naissance (**P/H**). Ce sera *l'élément du Destin* (**R**). Aidez-vous du tableau ci-dessous pour trouver les éléments associés aux autres forces.

Si le Destin est en —	BOIS	FEU	TERRE	MÉTAL	EAU
le Bonheur est en —	Feu	Terre	Métal	Eau	Bois
les Autorités sont en —	Terre	Métal	Eau	Bois	Feu
la Fortune est en —	Métal	Eau	Bois	Feu	Terre
la Chance est en —	Eau	Bois	Feu	Terre	Métal

En vous référant à vos notes d'horoscope, trouvez d'abord la Branche du mois de naissance (**N/L**), puis la Tige de l'année de naissance (**M/H**).

Avec ces données, reportez-vous au tableau VI, page 90, et notez l'élément résultant. C'est « l'élément de la matriculation », ou *Kuan Tai* (**S**). Le *Kuan Tai* peut apparaître sur la jonction entre deux éléments. Si c'est le cas, relevez les deux éléments.

Nous allons tracer maintenant un diagramme semblable à celui ci-contre. La base carrée ou cadran de la terre représente les événements qui ont lieu sur la terre. Le cercle central ou cadran du ciel représente le passage des étoiles qui règlent le cours de notre destinée.

Écrivez les numéros de I à XII ainsi que les noms des douze Palais du cycle de la vie correspondants autour du cadran de la terre, en plaçant le I (le *Kuan Tai*) au milieu, en haut.

Suite à (**S**), nous connaissons l'élément de la matriculation (*Kuan Tai*). Il faudra l'inscrire dans le cercle intérieur au carré en (**a**) près de I. Si le *Kuan Tai* est placé entre deux éléments, notez les noms de ces deux éléments de chaque côté de (**a**). Écrivez maintenant les noms des quatre autres éléments à intervalles réguliers dans le sens des aiguilles d'une montre dans l'ordre générateur : Bois-Feu-Terre-Métal-Eau.

Nous connaissons d'autre part l'élément du Destin **R** et donc les éléments associés aux quatre autres forces. Notez-les sur le diagramme à leur place, comme indiqué ci-dessous.

Pour chacun des éléments, inscrivez le chiffre correspondant (voir page 78).

Le tableau du cycle de la vie est maintenant complet et prêt à être interprété.

Interprétation du tableau du cycle de la vie

Il existe cinq sphères d'activité, ou forces, chacune d'elles atteignant son zénith à des périodes différentes de la vie. En déterminant les rapports entre ces cinq forces, on s'aperçoit que trois facteurs entrent en jeu. D'abord, le chiffre de l'élément associé à la force en indiquera son degré d'importance. Ensuite, la nature de l'élément donnera une indication de la manière dont la force va se manifester. Si le chiffre est nul ou égal à un, on peut en fait l'ignorer. Et enfin, les Palais du cycle de la vie révèlent la période de la vie où l'événement se produira.

Le *Destin* détermine les positions relatives des quatre autres forces et représente ainsi la clé du tableau du cycle de la vie. Il indique les tournants de la vie : coups de chance ou tragédies. L'importance et la nature du changement sont révélés par le chiffre de l'élément associé.

Cadran du ciel et de la terre

S. J. WELLS

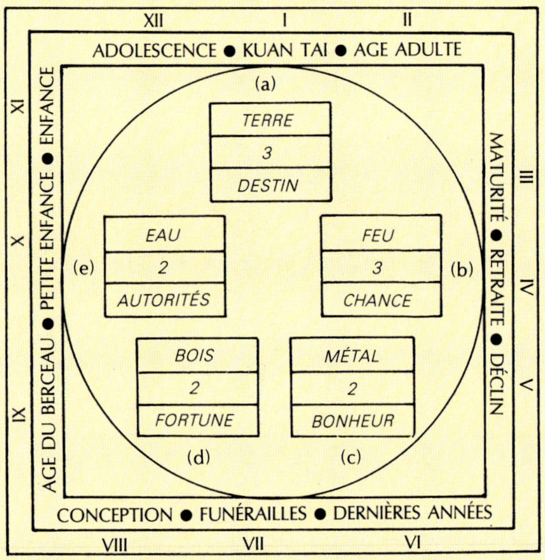

Le *Bonheur* représente la famille et le bonheur en général. Placé à la fin de la vie, il indique une retraite heureuse, sans regrets. Au début de l'existence, il peut compenser d'autres forces, plus faibles. Où qu'il apparaisse, le *Bonheur* révèle une bonne santé et une vie familiale heureuse.

La *Fortune* représente la richesse et les récompenses. Si elle apparaît aux environs du *Kuan Tai* et que ses éléments associés ont un chiffre élevé, notre demandeur sera riche. Si elle se manifeste à la conception, elle signifie davantage un bon départ dans la vie que des rentrées d'argent importantes. L'individu dont le signe de la fortune n'apparaît qu'à l'époque de ses funérailles ne profitera pas de l'argent qu'il a gagné de son vivant mais le transmettra à ses héritiers.

La *Chance* nous offre la chance inattendue qui ne se présente en principe qu'une fois dans la vie. Elle diffère du Destin dans le sens où elle n'est pas inévitable mais entièrement dépendante de l'usage qu'on en fait. Pour cette raison, la meilleure période pour la Chance se situe au début de l'âge adulte. Si elle apparaît dans l'enfance, elle signifie la poursuite d'une solide tradition familiale ; à la fin de la vie, il se peut que la chance passe aux descendants.

Les *Autorités* sont un concept plus obscur, un héritage du passé, de l'époque où la Chine était dirigée par les Mandarins et où l'avancement dépendait des examens officiels. Aujourd'hui ce terme indique tout ce qui a un rapport avec l'administration, aussi bien le succès aux examens que la politique. Arrivant au zénith de la vie, à l'âge de vingt et un ans, ce signe promet une carrière exceptionnelle ; dans l'enfance, il révèle des talents innés et à la fin de la vie, les honneurs, la reconnaissance publique.

L'influence des cinq éléments

Chacune des cinq forces du tableau du cycle de la vie est associée à l'un des cinq éléments. En considérant la valeur symbolique de ces éléments, on peut deviner les formes que vont prendre ces différentes forces. Il faut cependant se souvenir que si le chiffre de l'un des éléments est très bas dans le tableau « date de naissance », on ne tiendra pas compte de la force qui lui est habituellement associée.

L'élément *Bois* indique une nature créative et innovatrice. S'il est présent avec un chiffre élevé, on peut s'attendre à ce que la force qui lui est habituellement associée apporte l'inspiration. Le Bois indique aussi une bonne santé, une famille heureuse, de nombreux enfants et petits-enfants. Si l'élément dominant de l'horoscope est l'Eau, le demandeur aura encore plus de chance, et si c'est le Feu qui a un chiffre élevé, la nature créative du Bois va se manifester davantage dans les arts que dans la famille.

L'élément *Feu* est un élément d'énergie, d'impulsion et d'excitation mais peut aussi être un signe de danger. Un astrologue expérimenté pourra dire en observant les éléments dominants de l'horoscope si le Feu est en position génératrice ou destructrice. Par exemple, si l'élément qui a le chiffre le plus élevé de l'horoscope est la Terre, la présence du Feu indique une période très heureuse, puisque le Feu engendre la Terre. Au contraire, si l'élément dominant du tableau est le Métal, la force dans laquelle le Feu est situé peut devenir dangereuse puisque le Feu fait fondre le Métal ; dans la vie courante, ceci indique une possibilité de perte d'argent ou une maladie.

L'élément *Terre* touche tout ce qui se rapporte à la terre, aux maisons, aux constructions, aux biens fonciers. Il annonce davantage la stabilité que le changement. Si le Feu ou le Métal sont dominants dans votre horoscope, c'est très bon signe car ils signifient héritage ou achat de biens, selon le moment où ils interviennent et la force qui leur est associée. En revanche, si c'est l'élément Bois qui prédomine, il peut indiquer que la personne se sépare d'une terre.

Le *Métal* est le signe des récoltes, des affaires, mais aussi des querelles. A la base il indique l'argent, surtout si la Terre est là avec un chiffre élevé pour engendrer le Métal. Il indique aussi le côté tranchant de la lame d'un couteau. Un chiffre de Feu assez élevé peut annoncer un accident ou une opération chirurgicale.

L'élément *Eau* est celui du voyage, de la communication, de l'intelligence et du changement. Il annonce du courrier, des périodes riches en publications littéraires, des nouvelles. On peut attendre beaucoup d'un pays étranger si le chiffre de l'élément Métal est égal à celui de l'Eau. Un chiffre élevé de l'élément Bois indiquera la possibilité d'un voyage d'affaires à l'étranger. Si c'est la Terre qui a le chiffre le plus fort, il faudra se méfier des scandales et des procès.

Comment les éléments influencent les cinq forces

En lisant ce paragraphe, le lecteur comprendra comment les influences positives bénéfiques des cinq forces apparaissent à travers les éléments. Si une force n'exerce pas d'effet significatif parce que placée soit avant la naissance d'un être, soit à la fin de sa vie, l'élément qui lui est associé peut, lui, avoir une influence pendant la vie entière.

Le Destin
Le tournant de la vie. Associé au Bois, il signifie recherche créative ; au Feu, changement de direction dans la carrière professionnelle ; à la Terre, achat de biens immobiliers ; au Métal, rentrées d'argent ; à l'Eau, voyages.

Le Bonheur
Le bonheur et la satisfaction. Associé au Bois, il annonce des joies dans la vie familiale ; au Feu, des succès professionnels ; à la Terre, le repos de l'esprit ; au Métal, l'acquisition de jolis objets ; à l'Eau, l'inscription de son nom dans un livre.

Les Autorités
La position sociale. Associé au Bois, cette force signifie récompense pour une œuvre artistique ; au Feu, décoration pour service rendu ; à la Terre, un titre ou un poste intéressant dans les affaires ou la diplomatie ; au Métal, le soutien financier d'une bonne cause ; à l'Eau, la valeur scolaire ou littéraire enfin reconnue.

La Fortune
Récompenses matérielles. Associée au Bois, elle indique des récompenses pour une œuvre d'art ; au Feu, pour les affaires ; à la Terre, revenus de capitaux ; au Métal, bénéfices commerciaux ; à l'Eau, gains dûs à la communication. Si l'élément Terre prédomine, avec le Métal placé dans la Fortune, c'est un signe éclatant de finances très prospères.

La Chance
Le moment opportun. Associée à l'élément Bois, elle indique que des idées doivent être exploitées ; au Feu, le début d'une nouvelle carrière ; à la Terre, l'éventualité d'un changement de domicile ; au Métal, des opérations financières fructueuses (autrefois, elle indiquait que le moment était propice à la conquête de nouveaux territoires). Associée à l'Eau, c'est une possibilité de voyage ou d'études complémentaires.

Pour le futur et pour que votre horoscope, tel que vous l'avez établi, puisse être interprété par vos amis et vos proches qui n'ont pas encore étudié le *Ming Shu*, inscrivez votre étude du cycle de la vie dans le tableau. La façon la plus facile de procéder est de résumer les événements marquants, de la naissance jusqu'à l'âge mûr, en remarquant l'importance et la signification des différentes forces au moment où elles interviennent dans la vie.

Quand vous aurez établi quelques horoscopes pour les personnes de votre entourage, vous vous apercevrez que vous trouverez d'instinct la signification des tableaux. Vous vous surprendrez vous-même à estimer d'abord les qualités des éléments avant de penser à l'interprétation.

Nous arrivons à la fin de cet ouvrage et rien ne me semble convenir mieux à une conclusion que cette phrase de Confucius : *« L'étude, la persévérance et l'entraînement — qu'y-a-t-il de plus satisfaisant ? »*

TABLEAU I
Code des mois

Mois	*Janv.*	*Fév.*	*Mars*	*Avr.*	*Mai*	*Juin*	*Juil.*	*Août*	*Sept.*	*Oct.*	*Nov.*	*Déc.*
Code	**0**	**31**	**59**	**30**	**0**	**31**	**1**	**32**	**3**	**35**	**4**	**34**

TABLEAU II
Code des années

Année	**1901**	**1902**	**1903**	**1904**	**1905**	**1906**	**1907**	**1908**	**1909**	**1910**	**1911**	**1912**
Code	15	20	25	30	36	41	46	51	57	2	7	12
Année	**1913**	**1914**	**1915**	**1916**	**1917**	**1918**	**1919**	**1920**	**1921**	**1922**	**1923**	**1924**
Code	18	23	28	33	39	44	49	54	0	5	10	15
Année	**1925**	**1926**	**1927**	**1928**	**1929**	**1930**	**1931**	**1932**	**1933**	**1934**	**1935**	**1936**
Code	21	26	31	36	42	47	52	57	3	8	13	18
Année	**1937**	**1938**	**1939**	**1940**	**1941**	**1942**	**1943**	**1944**	**1945**	**1946**	**1947**	**1948**
Code	24	29	34	39	45	50	55	0	6	11	16	21
Année	**1949**	**1950**	**1951**	**1952**	**1953**	**1954**	**1955**	**1956**	**1957**	**1958**	**1959**	**1960**
Code	27	32	37	42	48	53	58	3	9	14	19	24
Année	**1961**	**1962**	**1963**	**1964**	**1965**	**1966**	**1967**	**1968**	**1969**	**1970**	**1971**	**1972**
Code	30	35	40	45	51	56	1	6	12	17	22	27
Année	**1973**	**1974**	**1975**	**1976**	**1977**	**1978**	**1979**	**1980**	**1981**	**1982**	**1983**	**1984**
Code	33	38	43	48	54	59	4	9	15	20	25	30
Année	**1985**	**1986**	**1987**	**1988**	**1989**	**1990**	**1991**	**1992**	**1993**	**1994**	**1995**	**1996**
Code	36	41	46	51	57	2	7	12	18	23	28	33
Année	**1997**	**1998**	**1999**	**2000**								
Code	39	44	49	54								

TABLEAU III
Nombres cycliques de l'heure de naissance

Tige du jour	*Heure de la naissance* 23 h — 1 h	*1 h — 3 h*	*3 h — 5 h*	*5 h — 7 h*	*7 h — 9 h*	*9 h — 11 h*	*11 h — 13 h*	*13 h — 15 h*	*15 h — 17 h*	*17 h — 19 h*	*19 h — 21 h*	*21 h — 23 h*
1	**1**	**2**	**3**	**4**	**5**	**6**	**7**	**8**	**9**	**10**	**11**	**12**
2	**13**	**14**	**15**	**16**	**17**	**18**	**19**	**20**	**21**	**22**	**23**	**24**
3	**25**	**26**	**27**	**28**	**29**	**30**	**31**	**32**	**33**	**34**	**35**	**36**
4	**37**	**38**	**39**	**40**	**41**	**42**	**43**	**44**	**45**	**46**	**47**	**48**
5	**49**	**50**	**51**	**52**	**53**	**54**	**55**	**56**	**57**	**58**	**59**	**60**
6	**1**	**2**	**3**	**4**	**5**	**6**	**7**	**8**	**9**	**10**	**11**	**12**
7	**13**	**14**	**15**	**16**	**17**	**18**	**19**	**20**	**21**	**22**	**23**	**24**
8	**25**	**26**	**27**	**28**	**29**	**30**	**31**	**32**	**33**	**34**	**35**	**36**
9	**37**	**38**	**39**	**40**	**41**	**42**	**43**	**44**	**45**	**46**	**47**	**48**
0	**49**	**50**	**51**	**52**	**53**	**54**	**55**	**56**	**57**	**58**	**59**	**60**

TABLEAU IV
Le calendrier chinois
Les nombres lunaires des mois chinois

1er mois		2^e	3^e	4^e	5^e	6^e	7^e	8^e	9^e	10^e	11^e	12^e	Année Type	Nombre cyclique de l'année
19 fév. 27	**1901**	20 mars 28	19 avr. 29	18 mai 30	16 juin 31	16 juil. 32	14 août 33	13 sept. 34	12 oct. 35	11 nov. 36	11 déc. 37	10 janv. 38	**Métal-Bœuf**	38
8 fév. 39	**1902**	10 mars 40	8 avr. 41	8 mai 42	6 juin 43	5 juil. 44	4 août 45	2 sept. 46	2 oct. 47	31 oct. 48	30 nov. 49	30 déc. 50	**Eau-Tigre**	39
29 janv. 51	**1903**	27 fév. 52	29 mars 53	27 avr. 54	27 mai 55	24 juil. 56	23 août 57	21 sept. 58	20 oct. 59	19 nov. 60	19 déc. 1	17 janv. 2	**Eau-Lièvre**	40
16 fév. 3	**1904**	17 mars 4	16 avr. 5	15 mai 6	14 juin 7	13 juil. 8	11 août 9	10 sept. 10	9 oct. 11	7 nov. 12	7 déc. 13	6 janv. 14	**Bois-Dragon**	41
4 fév. 15	**1905**	6 mars 16	5 avr. 17	4 mai 18	3 juin 19	3 juil. 20	1er août 21	30 août 22	29 sept. 23	28 oct. 24	27 nov. 25	26 déc. 26	**Bois-Serpent**	42
25 janv. 27	**1906**	23 fév. 28	25 mars 29	24 avr. 30	22 juin 31	21 juil. 32	20 août 33	18 sept. 34	18 oct. 35	16 nov. 36	16 déc. 37	14 janv. 38	**Feu-Cheval**	43
13 fév. 39	**1907**	14 mars 40	13 avr. 41	12 mai 42	11 juin 43	10 juil. 44	9 août 45	8 sept. 46	7 oct. 47	6 nov. 48	5 déc. 49	4 janv. 50	**Feu-Chèvre**	44
2 fév. 51	**1908**	3 mars 52	1er avr. 53	30 avr. 54	30 mai 55	29 juin 56	28 juil. 57	27 août 58	25 sept. 59	25 oct. 60	24 nov. 1	23 déc. 2	**Terre-Singe**	45
22 janv. 3	**1909**	20 fév. 4	20 avr. 5	19 mai 6	18 juin 7	17 juil. 8	16 août 9	14 sept. 10	14 oct. 11	13 nov. 12	13 déc. 13	11 janv. 14	**Terre-Coq**	46
10 fév. 15	**1910**	11 mars 16	10 avr. 17	9 mai 18	7 juin 19	7 juil. 20	5 août 21	4 sept. 22	3 oct. 23	2 nov. 24	2 déc. 25	1er janv. 26	**Métal-Chien**	47
30 janv. 27	**1911**	1er mars 28	30 mars 29	29 avr. 30	28 mai 31	26 juin 32	24 août 33	22 sept. 34	22 oct. 35	21 nov. 36	20 déc. 37	19 janv. 38	**Métal-Cochon**	48
18 fév. 39	**1912**	19 mars 40	17 avr. 41	17 mai 42	15 juin 43	14 juil. 44	13 août 45	11 sept. 46	10 oct. 47	9 nov. 48	9 déc. 49	7 janv. 50	**Eau-Rat**	49
6 fév. 51	**1913**	8 mars 52	7 avr. 53	6 mai 54	5 juin 55	4 juil. 56	2 août 57	1er sept. 58	30 sept. 59	29 oct. 60	28 nov. 1	27 déc. 2	**Eau-Bœuf**	50
26 janv. 3	**1914**	25 fév. 4	27 mars 5	25 avr. 6	25 mai 7	23 juil. 8	21 août 9	20 sept. 10	19 oct. 11	18 nov. 12	17 déc. 13	15 janv. 14	**Bois-Tigre**	51
14 fév. 15	**1915**	16 mars 16	14 avr. 17	14 mai 18	13 juin 19	12 juil. 20	11 août 21	9 sept. 22	9 oct. 23	7 nov. 24	7 déc. 25	5 janv. 26	**Bois-Lièvre**	52
3 fév. 27	**1916**	4 mars 28	3 avr. 29	2 mai 30	1er juin 31	30 juin 32	30 juil. 33	30 août 34	27 sept. 35	27 oct. 36	25 nov. 37	25 déc. 38	**Feu-Dragon**	53
23 janv. 39	**1917**	22 fév. 40	21 avr. 41	21 mai 42	19 juin 43	19 juil. 44	18 août 45	16 sept. 46	16 oct. 47	15 nov. 48	14 déc. 49	13 janv. 50	**Feu-Serpent**	54
11 fév. 51	**1918**	13 mars 52	11 avr. 53	10 mai 54	9 juin 55	8 juil. 56	7 août 57	5 sept. 58	5 oct. 59	4 nov. 60	3 déc. 1	2 janv. 2	**Terre-Cheval**	55
1er fév. 3	**1919**	2 mars 4	1er avr. 5	30 avr. 6	29 mai 7	28 juin 8	27 juil. 9	24 sept. 10	24 oct. 11	22 nov. 12	22 déc. 13	21 janv. 14	**Terre-Chèvre**	56
20 fév. 15	**1920**	20 mars 16	19 avr. 17	18 mai 18	16 juin 19	16 juil. 20	14 août 21	12 sept. 22	12 oct. 23	11 nov. 24	10 déc. 25	9 janv. 26	**Métal-Singe**	57

1er mois		2e	3e	4e	5e	6e	7e	8e	9e	10e	11e	12e	Année Type	Nombre cyclique de l'année
8 fév. 27	**1921**	10 mars 28	8 avr. 29	8 mai 30	6 juin 31	5 juil. 32	4 août 33	2 sept. 34	1er oct. 35	31 oct. 36	29 nov. 37	29 déc. 38	**Métal-Coq**	58
28 janv. 39	**1922**	27 fév. 40	28 mars 41	27 avr. 42	27 mai 43	24 juil. 44	23 août 45	21 sept. 46	20 oct. 47	19 nov. 48	18 déc. 49	17 janv. 50	**Eau-Chien**	59
16 fév. 51	**1923**	17 mars 52	16 avr. 53	16 mai 54	14 juin 55	14 juil. 56	12 août 57	11 sept. 58	10 oct. 59	8 nov. 60	8 déc. 1	6 janv. 2	**Eau-Cochon**	60
5 fév. 3	**1924**	6 mars 4	4 avr. 5	4 mai 6	2 juin 7	2 juil. 8	1er août 9	30 août 10	29 sept. 11	28 oct. 12	27 nov. 13	26 déc. 14	**Bois-Rat**	1
25 janv. 15	**1925**	23 fév. 16	24 mars 17	23 avr. 18	21 juin 19	21 juil. 20	19 août 21	18 sept. 22	18 oct. 23	16 nov. 24	16 déc. 25	14 janv. 26	**Bois-Bœuf**	2
13 fév. 27	**1926**	14 mars 28	12 avr. 29	12 mai 30	10 juin 31	10 juil. 32	8 août 33	7 sept. 34	7 oct. 35	5 nov. 36	5 déc. 37	4 janv. 38	**Feu-Tigre**	3
2 fév. 39	**1927**	4 mars 40	2 avr. 41	1er mai 42	31 mai 43	29 juin 44	29 juil. 45	27 août 46	26 sept. 47	26 oct. 48	24 nov. 49	24 déc. 50	**Feu-Lièvre**	4
23 janv. 51	**1928**	21 fév. 52	20 avr. 53	19 mai 54	18 juin 55	17 juil. 56	15 août 57	14 sept. 58	13 oct. 59	12 nov. 60	12 déc. 1	11 janv. 2	**Terre-Dragon**	5
10 fév. 3	**1929**	11 mars 4	10 avr. 5	9 mai 6	7 juin 7	7 juil. 8	5 août 9	3 sept. 10	3 oct. 11	1er nov. 12	1er déc. 13	31 déc. 14	**Terre-Serpent**	6
30 janv. 15	**1930**	28 fév. 16	30 mars 17	29 avr. 18	28 mai 19	26 juin 20	24 août 21	22 sept. 22	22 oct. 23	20 nov. 24	20 déc. 25	19 janv. 26	**Métal-Cheval**	7
17 fév. 27	**1931**	19 mars 28	18 avr. 29	17 mai 30	16 juin 31	15 juil. 32	14 août 33	12 sept. 34	11 oct. 35	10 nov. 36	9 déc. 37	8 janv. 38	**Métal-Chèvre**	8
6 fév. 39	**1932**	7 mars 40	6 avr. 41	6 mai 42	4 juin 43	4 juil. 44	2 août 45	1er sept. 46	30 sept. 47	29 oct. 48	28 nov. 49	27 déc. 50	**Eau-Singe**	9
26 janv. 51	**1933**	24 fév. 52	26 mars 53	25 avr. 54	24 mai 55	23 juil. 56	21 août 57	20 sept. 58	19 oct. 59	18 nov. 60	17 déc. 1	15 janv. 2	**Eau-Coq**	10
14 fév. 3	**1934**	15 mars 4	14 avr. 5	13 mai 6	12 juin 7	12 juil. 8	10 août 9	9 sept. 10	8 oct. 11	7 nov. 12	7 déc. 13	5 janv. 14	**Bois-Chien**	11
4 fév. 15	**1935**	5 mars 16	3 avr. 17	3 mai 18	1er juin 19	1er juil. 20	30 juil. 21	29 août 22	28 sept. 23	27 oct. 24	26 nov. 25	26 déc. 26	**Bois-Cochon**	12
24 janv. 27	**1936**	23 fév. 28	23 mars 29	21 mai 30	19 juin 31	18 juil. 32	17 août 33	16 sept. 34	15 oct. 35	14 nov. 36	14 déc. 37	13 janv. 38	**Feu-Rat**	13
11 fév. 39	**1937**	13 mars 40	11 avr. 41	10 mai 42	9 juin 43	8 juil. 44	6 août 45	5 sept. 46	4 oct. 47	3 nov. 48	3 déc. 49	2 janv. 50	**Feu-Bœuf**	14
31 janv. 51	**1938**	2 mars 52	1er avr. 53	30 avr. 54	29 mai 55	28 juin 56	27 juil. 57	24 sept. 58	23 oct. 59	22 nov. 60	22 déc. 1	20 janv. 2	**Terre-Tigre**	15
19 fév. 3	**1939**	21 mars 4	20 avr. 5	19 mai 6	17 juin 7	17 juil. 8	15 août 9	13 sept. 10	13 oct. 11	11 nov. 12	11 déc. 13	9 janv. 14	**Terre-Lièvre**	16
8 fév. 15	**1940**	9 mars 16	8 avr. 17	7 mai 18	6 juin 19	5 juil. 20	4 août 21	2 sept. 22	1er oct. 23	31 oct. 24	29 nov. 25	29 déc. 26	**Métal-Dragon**	17

(* indique un mois intercalaire. Le mois est « double » pour que le calendrier suive les saisons, c'est la raison pour laquelle il est aussi long.)

1er mois		2e	3e	4e	5e	6e	7e	8e	9e	10e	11e	12e	Année Type	Nombre cyclique de l'année
27 janv. 27	**1941**	26 fév. 28	28 mars 29	26 avr. 30	26 mai 31	25 juin 32	23 août 33	21 sept. 34	20 oct. 35	19 nov. 36	18 déc. 37	17 janv. 38	**Métal-Serpent**	18
15 fév. 39	**1942**	17 mars 40	15 avr. 41	15 mai 42	14 juin 43	13 juil. 44	12 août 45	10 sept. 46	10 oct. 47	8 nov. 48	8 déc. 49	6 janv. 50	**Eau-Cheval**	19
5 fév. 51	**1943**	6 mars 52	5 avr. 53	4 mai 54	3 juin 55	2 juil. 56	1er août 57	31 août 58	29 sept. 59	29 oct. 60	27 nov. 1	27 déc. 2	**Eau-Chèvre**	20
25 janv. 3	**1944**	24 fév. 4	24 mars 5	23 avr. 6	21 juin 7	20 juil. 8	19 août 9	17 sept. 10	17 oct. 11	16 nov. 12	15 déc. 13	14 janv. 14	**Bois-Singe**	21
13 fév. 15	**1945**	14 mars 16	12 avr. 17	12 mai 18	10 juin 19	9 juil. 20	8 août 21	6 sept. 22	6 oct. 23	5 nov. 24	5 déc. 25	3 janv. 26	**Bois-Coq**	22
2 fév. 27	**1946**	4 mars 28	2 avr. 29	1er mai 30	31 mai 31	29 juin 32	28 juil. 33	27 août 34	25 sept. 35	25 oct. 36	24 nov. 37	23 déc. 38	**Feu-Chien**	23
22 janv. 39	**1947**	21 fév. 40	21 avr. 41	20 mai 42	19 juin 43	18 juil. 44	16 août 45	15 sept. 46	14 oct. 47	13 nov. 48	12 déc. 49	11 janv. 50	**Feu-Cochon**	24
10 fév. 51	**1948**	11 mars 52	9 avr. 53	9 mai 54	7 juin 55	7 juil. 56	5 août 57	3 sept. 58	3 oct. 59	1er nov. 60	1er déc. 1	30 déc. 2	**Terre-Rat**	25
29 janv. 3	**1949**	28 fév. 4	29 mars 5	28 avr. 6	28 mai 7	26 juin 8	26 juil. 9	22 sept. 10	22 oct. 11	20 nov. 12	20 déc. 13	18 janv. 14	**Terre-Bœuf**	26
17 fév. 15	**1950**	18 mars 16	17 avr. 17	17 mai 18	15 juin 19	15 juil. 20	14 août 21	12 sept. 22	11 oct. 23	10 nov. 24	9 déc. 25	8 janv. 26	**Métal-Tigre**	27
6 fév. 27	**1951**	8 mars 28	6 avr. 29	6 mai 30	5 juin 31	4 juil. 32	3 août 33	1er sept. 34	1er oct. 35	30 oct. 36	29 nov. 37	28 déc. 38	**Métal-Lièvre**	28
27 janv. 39	**1952**	25 fév. 40	26 mars 41	24 avr. 42	24 mai 43	22 juil. 44	20 août 45	19 sept. 46	19 oct. 47	17 nov. 48	17 déc. 49	15 janv. 50	**Eau-Dragon**	29
14 fév. 51	**1953**	15 mars 52	14 avr. 53	13 mai 54	11 juin 55	11 juil. 56	9 août 57	8 sept. 58	8 oct. 59	7 nov. 60	6 déc. 1	5 janv. 2	**Eau-Serpent**	30
3 fév. 3	**1954**	5 mars 4	4 avr. 5	3 mai 6	1er juin 7	30 juin 8	30 juil. 9	28 août 10	27 sept. 11	27 oct. 12	25 nov. 13	25 déc. 14	**Bois-Cheval**	31
24 janv. 15	**1955**	22 fév. 16	24 mars 17	22 mai 18	20 juin 19	19 juil. 20	18 août 21	16 sept. 22	16 oct. 23	14 nov. 24	14 déc. 25	13 janv. 26	**Bois-Chèvre**	32
12 fév. 27	**1956**	12 mars 28	11 avr. 29	10 mai 30	9 juin 31	8 juil. 32	6 août 33	5 sept. 34	4 oct. 35	3 nov. 36	2 déc. 37	1er janv. 38	**Feu-Singe**	33
31 janv. 39	**1957**	2 mars 40	31 mars 41	30 avr. 42	29 mai 43	28 juin 44	27 juil. 45	25 août 46	23 oct. 47	22 nov. 48	21 déc. 49	20 janv. 50	**Feu-Coq**	34
18 fév. 51	**1958**	20 mars 52	19 avr. 53	19 mai 54	17 juin 55	17 juil. 56	15 août 57	13 sept. 58	13 oct. 59	11 nov. 60	11 déc. 1	9 janv. 2	**Terre-Chien**	35
8 fév. 3	**1959**	9 mars 4	8 avr. 5	8 mai 6	6 juin 7	6 juil. 8	4 août 9	3 sept. 10	2 oct. 11	1er nov. 12	1er déc. 13	30 déc. 14	**Terre-Cochon**	36
28 janv. 15	**1960**	27 fév. 16	27 mars 17	26 avr. 18	25 mai 19	24 juin 20	22 août 21	21 sept. 22	20 oct. 23	19 nov. 24	18 déc. 25	17 janv. 26	**Métal-Rat**	37
15 fév. 27	**1961**	17 mars 28	15 avr. 29	15 mai 30	13 juin 31	13 juil. 32	11 août 33	10 sept. 34	10 oct. 35	8 nov. 36	9 déc. 37	6 janv. 38	**Métal-Bœuf**	38

1er mois		2e	3e	4e	5e	6e	7e	8e	9e	10e	11e	12e	Année Type	Nombre cyclique de l'année
5 fév. 39	**1962**	6 mars 40	5 avr. 41	4 mai 42	2 juin 43	2 juil. 44	31 juil. 45	30 août 46	29 sept. 47	28 oct. 48	27 nov. 49	27 déc. 50	**Eau-Tigre**	39
25 janv. 51	**1963**	24 fév. 52	25 mars 53	24 avr. 54	21 juin 55	21 juil. 56	19 août 57	18 sept. 58	17 oct. 59	16 nov. 60	16 déc. 1	15 janv. 2	**Eau-Lièvre**	40
13 fév. 3	**1964**	14 mars 4	12 avr. 5	12 mai 6	10 juin 7	9 juil. 8	8 août 9	6 sept. 10	6 oct. 11	4 nov. 12	4 déc. 13	3 janv. 14	**Bois-Dragon**	41
2 fév. 15	**1965**	3 mars 16	2 avr. 17	1er mai 18	31 mai 19	29 juin 20	28 juil. 21	27 août 22	25 sept. 23	24 oct. 24	23 nov. 25	23 déc. 26	**Bois-Serpent**	42
21 janv. 27	**1966**	20 fév. 28	22 mars 29	20 mai 30	19 juin 31	18 juil. 32	16 août 33	15 sept. 34	14 oct. 35	12 nov. 36	12 déc. 37	11 janv. 38	**Feu-Cheval**	43
9 fév. 39	**1967**	11 mars 40	10 avr. 41	9 mai 42	8 juin 43	8 juil. 44	6 août 45	4 sept. 46	4 oct. 47	2 nov. 48	2 déc. 49	31 déc. 50	**Feu-Chèvre**	44
30 janv. 51	**1968**	28 fév. 52	29 mars 53	27 avr. 54	27 mai 55	26 juin 56	25 juil. 57	22 sept. 58	22 oct. 59	20 nov. 60	20 déc. 1	18 janv. 2	**Terre-Singe**	45
17 fév. 3	**1969**	18 mars 4	17 avr. 5	16 mai 6	15 juin 7	14 juil. 8	13 août 9	12 sept. 10	11 oct. 11	10 nov. 12	9 déc. 13	8 janv. 14	**Terre-Coq**	46
6 fév. 15	**1970**	8 mars 16	6 avr. 17	5 mai 18	4 juin 19	3 juil. 20	2 août 21	1er sept. 22	30 sept. 23	30 oct. 24	29 nov. 25	28 déc. 26	**Métal-Chien**	47
27 janv. 27	**1971**	25 fév. 28	27 mars 29	25 avr. 30	24 mai 31	22 juil. 32	21 août 33	19 sept. 34	19 oct. 35	18 nov. 36	18 déc. 37	16 janv. 38	**Métal-Cochon**	48
15 fév. 39	**1972**	15 mars 40	14 avr. 41	13 mai 42	11 juin 43	11 juil. 44	9 août 45	8 sept. 46	7 oct. 47	6 nov. 48	6 déc. 49	4 janv. 50	**Eau-Rat**	49
3 fév. 51	**1973**	5 mars 52	3 avr. 53	3 mai 54	1er juin 55	30 juin 56	30 juil. 57	28 août 58	26 sept. 59	26 oct. 60	25 nov. 1	24 déc. 2	**Eau-Bœuf**	50
23 janv. 3	**1974**	22 fév. 4	24 mars 5	22 avr. 6	20 juin 7	19 juil. 8	18 août 9	16 sept. 10	15 oct. 11	14 nov. 12	14 déc. 13	12 janv. 14	**Bois-Tigre**	51
11 fév. 15	**1975**	13 mars 16	12 avr. 17	11 mai 18	10 juin 19	9 juil. 20	7 août 21	6 sept. 22	5 oct. 23	3 nov. 24	3 déc. 25	1er janv. 26	**Bois-Lièvre**	52
31 janv. 27	**1976**	1er mars 28	31 mars 29	29 avr. 30	29 mai 31	27 juin 32	27 juil. 33	25 août 34	23 oct. 35	21 nov. 36	21 déc. 37	19 janv. 38	**Feu-Dragon**	53
18 fév. 39	**1977**	20 mars 40	18 avr. 41	18 mai 42	17 juin 43	16 juil. 44	15 août 45	13 sept. 46	13 oct. 47	11 nov. 48	11 déc. 49	9 janv. 50	**Feu-Serpent**	54
7 fév. 51	**1978**	9 mars 52	7 avr. 53	7 mai 54	6 juin 55	5 juil. 56	4 août. 57	2 sept. 58	2 oct. 59	1er nov. 60	30 nov. 1	30 déc. 2	**Terre-Cheval**	55
28 janv. 3	**1979**	27 fév. 4	28 mars 5	26 avr. 6	26 mai 7	24 juin 8	23 août 9	21 sept. 10	21 oct. 11	20 nov. 12	19 déc. 13	18 janv. 14	**Terre-Chèvre**	56
16 fév. 15	**1980**	17 mars 16	15 avr. 17	14 mai 18	13 juin 19	12 juil. 20	11 août 21	9 sept. 22	9 oct. 23	8 nov. 24	7 déc. 25	6 janv. 26	**Métal-Singe**	57
5 fév. 27	**1981**	6 mars 28	5 avr. 29	4 mai 30	2 juin 31	2 juil. 32	31 juil. 33	29 août 34	28 sept. 35	28 oct. 36	26 nov. 37	26 déc. 38	**Métal-Coq**	58

(* indique un mois intercalaire. Le mois est « double » pour que le calendrier suive les saisons, c'est la raison pour laquelle il est aussi long.)

1er mois		2e	3e	4e	5e	6e	7e	8e	9e	10e	11e	12e	Année Type	Nombre cyclique de l'année
25 janv. 39	**1982**	24 fév. 40	25 mars 41	24 avr. 42	21 juin 43	21 juil. 44	19 août 45	17 sept. 46	17 oct. 47	15 nov. 48	15 déc. 49	14 janv. 50	**Eau-Chien**	59
13 fév. 51	**1983**	15 mars 52	13 avr. 53	13 mai 54	11 juin 55	10 juil. 56	9 août 57	7 sept. 58	6 oct. 59	5 nov. 60	4 déc. 1	3 janv. 2	**Eau-Cochon**	60
2 fév. 3	**1984**	3 mars 4	1er avr. 5	1er mai 6	31 mai 7	29 juin 8	28 juil. 9	27 août 10	25 sept. 11	24 oct. 12	22 déc. 13	21 janv. 14	**Bois-Lièvre**	1
20 fév. 15	**1985**	21 mars 16	20 avr. 17	20 mai 18	18 juin 19	18 juil. 20	16 août 21	15 sept. 22	14 oct. 23	12 nov. 24	12 déc. 25	10 janv. 26	**Bois-Bœuf**	2
9 fév. 27	**1986**	10 mars 28	9 avr. 29	9 mai 30	7 juin 31	7 juil. 32	6 août 33	4 sept. 34	4 oct. 35	2 nov. 36	2 déc. 37	31 déc. 38	**Feu-Tigre**	3
29 janv. 39	**1987**	28 fév. 40	29 mars 41	28 avr. 42	27 mai 43	26 juin 44	24 août 45	23 sept. 46	23 oct. 47	21 nov. 48	21 déc. 49	19 janv. 50	**Feu-Lièvre**	4
17 fév. 51	**1988**	18 mars 52	16 avr. 53	16 mai 54	14 juin 55	14 juil. 56	12 août 57	11 sept. 58	11 oct. 59	9 nov. 60	9 déc. 1	8 janv. 2	**Terre-Dragon**	5
6 fév. 3	**1989**	8 mars 4	6 avr. 5	5 mai 6	4 juin 7	3 juil. 8	1er août 9	31 août 10	30 sept. 11	29 oct. 12	28 nov. 13	28 déc. 14	**Terre-Serpent**	6
27 janv. 15	**1990**	25 fév. 16	27 mars 17	25 avr. 18	24 mai 19	22 juil. 20	20 août 21	19 sept. 22	18 oct. 23	17 nov. 24	17 déc. 25	16 janv. 26	**Métal-Cheval**	7
15 fév. 27	**1991**	16 mars 28	15 avr. 29	14 mai 30	12 juin 31	12 juil. 32	10 août 33	8 sept. 34	8 oct. 35	6 nov. 36	6 déc. 37	5 janv. 38	**Métal-Chèvre**	8
4 fév. 39	**1992**	4 mars 40	3 avr. 41	3 mai 42	1er juin 43	30 juin 44	30 juil. 45	28 août 46	26 sept. 47	26 oct. 48	24 nov. 49	24 déc. 50	**Eau-Singe**	9
23 janv. 51	**1993**	21 fév. 52	23 mars 53	21 mai 54	20 juin 55	19 juil. 56	18 août 57	16 sept. 58	15 oct. 59	14 nov. 60	13 déc. 1	12 janv. 2	**Eau-Coq**	10
10 fév. 3	**1994**	12 mars 4	11 avr. 5	11 mai 6	9 juin 7	9 juil. 8	7 août 9	6 sept. 10	5 oct. 11	3 nov. 12	3 déc. 13	1er janv. 14	**Bois-Chien**	11
31 janv. 15	**1995**	1er mars 16	31 mars 17	30 avr. 18	29 mai 19	28 juin 20	27 juil. 21	26 août 22	24 oct. 23	22 nov. 24	22 déc. 25	20 janv. 26	**Bois-Cochon**	12
19 fév. 27	**1996**	19 mars 28	18 avr. 29	17 mai 30	16 juin 31	16 juil. 32	14 août 33	13 sept. 34	12 oct. 35	11 nov. 36	11 déc. 37	9 janv. 38	**Feu-Rat**	13
7 fév. 39	**1997**	9 mars 40	7 avr. 41	7 mai 42	5 juin 43	5 juil. 44	3 août 45	2 sept. 46	2 oct. 47	31 oct. 48	30 nov. 49	30 déc. 50	**Feu-Bœuf**	14
28 janv. 51	**1998**	27 fév. 52	28 mars 53	26 avr. 54	26 mai 55	23 juin 56	22 août 57	21 sept. 58	20 oct. 59	19 nov. 60	19 déc. 1	17 janv. 2	**Terre-Tigre**	15
16 fév. 3	**1999**	18 mars 4	16 avr. 5	15 mai 6	14 juin 7	13 juil. 8	11 août 9	10 sept. 10	9 oct. 11	8 nov. 12	8 déc. 13	7 janv. 14	**Terre-Lièvre**	16
5 fév. 15	**2000**	6 mars 16	5 avr. 17	4 mai 18	2 juin 19	2 juil. 20	31 juil. 21	29 août 22	28 sept. 23	27 oct. 24	26 nov. 25	26 déc. 26	**Métal-Dragon**	17

(* indique un mois intercalaire. Le mois est « double » pour que le calendrier suive les saisons, c'est la raison pour laquelle il est aussi long.)

TABLEAU V

Pour trouver la Tige, la Branche et les éléments de chaque Pilier du destin

Nombre cyclique	*Tige*	*Branche*	*Élément de la Tige*	*Élément de la Branche*	*Élément Tige-Branche*
GELH	**M**	**N**	**O**	**P**	**Q**
1	1	I	BOIS	EAU	MÉTAL
2	2	II	BOIS	TERRE	MÉTAL
3	3	III	FEU	BOIS	FEU
4	4	IV	FEU	BOIS	FEU
5	5	V	TERRE	TERRE	BOIS
6	6	VI	TERRE	FEU	BOIS
7	7	VII	MÉTAL	FEU	TERRE
8	8	VIII	MÉTAL	TERRE	TERRE
9	9	IX	EAU	MÉTAL	MÉTAL
10	10	X	EAU	MÉTAL	MÉTAL
11	1	XI	BOIS	TERRE	FEU
12	2	XII	BOIS	EAU	FEU
13	3	I	FEU	EAU	EAU
14	4	II	FEU	TERRE	EAU
15	5	III	TERRE	BOIS	TERRE
16	6	IV	TERRE	BOIS	TERRE
17	7	V	MÉTAL	TERRE	MÉTAL
18	8	VI	MÉTAL	FEU	MÉTAL
19	9	VII	EAU	FEU	BOIS
20	10	VIII	EAU	TERRE	BOIS
21	1	IX	BOIS	MÉTAL	EAU
22	2	X	BOIS	MÉTAL	EAU
23	3	XI	FEU	TERRE	TERRE
24	4	XII	FEU	EAU	TERRE
25	5	I	TERRE	EAU	FEU
26	6	II	TERRE	TERRE	FEU
27	7	III	MÉTAL	BOIS	BOIS
28	8	IV	MÉTAL	BOIS	BOIS
29	9	V	EAU	TERRE	EAU
30	10	VI	EAU	FEU	EAU

Nombre cyclique	*Tige*	*Branche*	*Élément de la Tige*	*Élément de la Branche*	*Élément Tige-Branche*
GELH	**M**	**N**	**O**	**P**	**Q**
31	1	VII	BOIS	FEU	MÉTAL
32	2	VIII	BOIS	TERRE	MÉTAL
33	3	IX	FEU	MÉTAL	FEU
34	4	X	FEU	MÉTAL	FEU
35	5	XI	TERRE	TERRE	BOIS
36	6	XII	TERRE	EAU	BOIS
37	7	I	MÉTAL	EAU	TERRE
38	8	II	MÉTAL	TERRE	TERRE
39	9	III	EAU	BOIS	MÉTAL
40	10	IV	EAU	BOIS	MÉTAL
41	1	V	BOIS	TERRE	FEU
42	2	VI	BOIS	FEU	FEU
43	3	VII	FEU	FEU	EAU
44	4	VIII	FEU	TERRE	EAU
45	5	IX	TERRE	MÉTAL	TERRE
46	6	X	TERRE	MÉTAL	TERRE
47	7	XI	MÉTAL	TERRE	MÉTAL
48	8	XII	MÉTAL	EAU	MÉTAL
49	9	I	EAU	EAU	BOIS
50	10	II	EAU	TERRE	BOIS
51	1	III	BOIS	BOIS	EAU
52	2	IV	BOIS	BOIS	EAU
53	3	V	FEU	TERRE	TERRE
54	4	VI	FEU	FEU	TERRE
55	5	VII	TERRE	FEU	FEU
56	6	VIII	TERRE	TERRE	FEU
57	7	IX	MÉTAL	MÉTAL	BOIS
58	8	X	MÉTAL	MÉTAL	BOIS
59	9	XI	EAU	TERRE	EAU
60	10	XII	EAU	EAU	EAU

TABLEAU VI
Pour trouver l'élément de la matriculation (S)

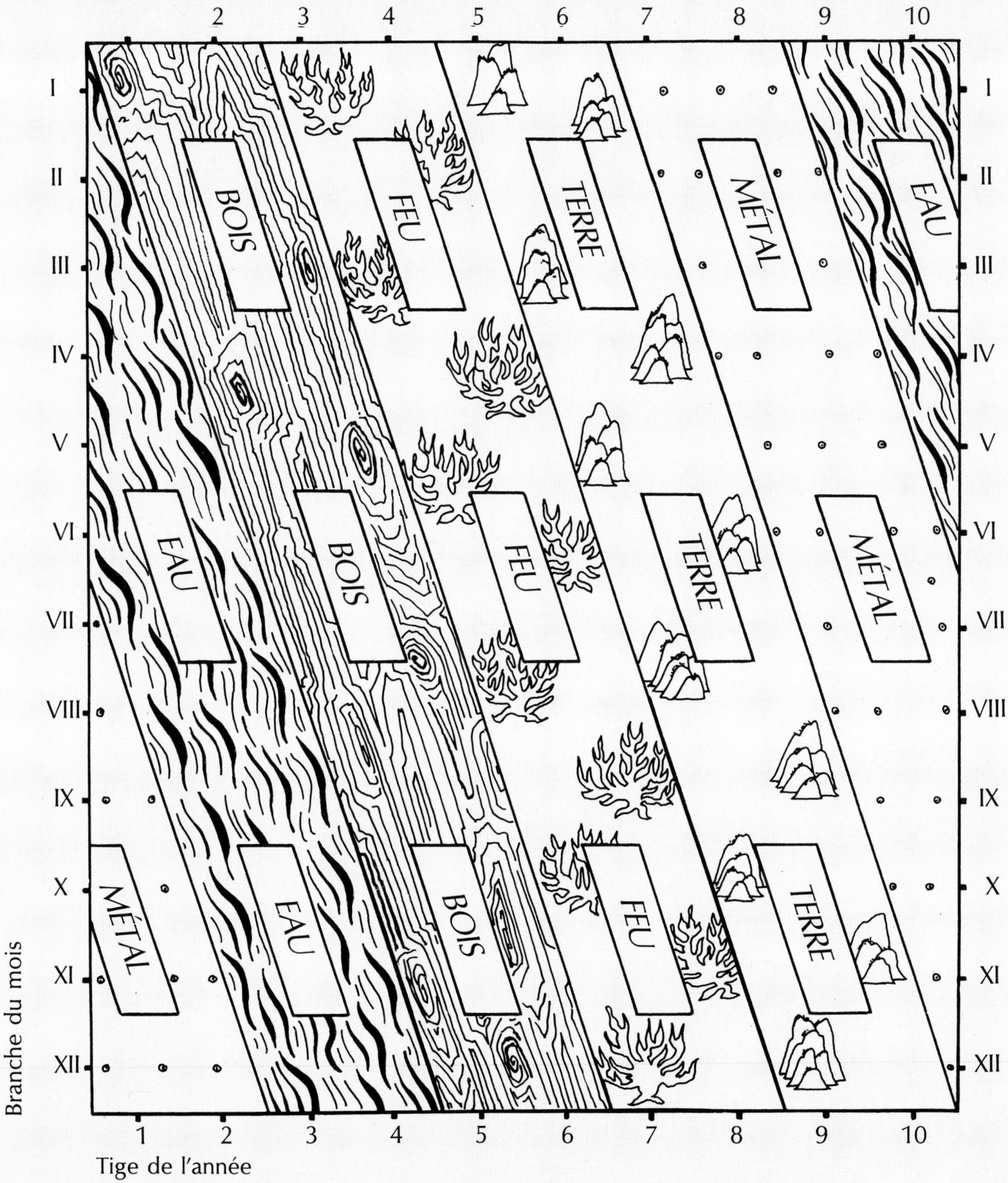

Glossaire

Bouddhisme (le). L'une des principales religions de Chine. Fut introduit au Ier siècle, pendant le règne de l'empereur Ming Ti (58-76 apr. J.-C.).

Branches, les douze Branches terrestres. Douze symboles utilisés pour compter les douze doubles heures chinoises, les mois de l'année chinoise et les années de la *Grande Année*.

Chance, jour de chance (ou de malchance). On pense que certains jours sont plus heureux que d'autres selon l'harmonie ou l'opposition de la *Tige* et de la *Branche* du jour avec les composants de l'horoscope de l'individu.

Confucius. K'ung Fu Tze, le plus grand philosophe chinois (551-478 av. J.-C.). Ses disciples rassemblèrent ses paroles dans les *Analectes*.

Demandeur (le). Terme employé par les astrologues pour désigner la personne dont l'horoscope est établi.

Éléments (les cinq). La philosophie chinoise des cinq éléments (Bois, Feu, Terre, Métal, Eau) affirme que chaque action est régie par l'équilibre de ces cinq principes entre eux. En astrologie chinoise, les proportions de chaque élément dans un horoscope constituent des informations fondamentales dans l'étude de la personnalité d'un individu et de son destin.

Équinoxe (l'). Ce terme se rapporte aux deux jours de l'année (un au printemps autour du 21 mars et un en automne autour du 22 septembre) où le jour a une durée égale à celle de la nuit.

Événements de la terre. La science complémentaire de l'astrologie, la géomancie, est appelée en Chine *Feng Shui*, le Vent de l'Eau. Les lignes de forces *Ch'i*, ou événements de la terre, sont sous l'influence, bonne ou mauvaise, des changements de forme de la surface terrestre (creusements ou constructions).

Grande Année (la). Le temps d'une révolution de la planète Jupiter autour du Soleil. Elle s'étend sur une période équivalente à douze de nos années ; pour les Chinois, nos années sont donc les mois de la *Grande Année*. Les astrologues chinois donnèrent aux douze Grands Mois, voici environ un millénaire, les noms de leurs animaux protecteurs d'où sont dérivés les signes du zodiaque chinois (voir Palais).

I Ching (le livre des changements). Livre de prédictions — un des cinq classiques sacrés — qui ne possède pas d'équivalent dans la littérature occidentale. Il est probablement constitué des plus anciens textes chinois.

Kuan Tai (littéralement « casquette et écharpe »). Le moment dans la vie d'un individu où il termine ses études ou son apprentissage. Il correspond environ à l'âge de vingt et un ans.

Palais de la vie (les douze). Douze périodes de la vie d'égale importance mais dont la durée peut être variable : la conception, l'âge du berceau, l'enfance, l'adolescence, le *Kuan Tai*, l'âge adulte, la maturité, la retraite, le déclin, les dernières années et les funérailles.

Piliers (les quatre). Les composants fondamentaux de l'horoscope chinois. Ils constituent le fondement de l'étude du caractère d'un être, de ses relations avec les autres et de son destin. Ce sont l'heure, le jour, le mois et l'année de sa naissance, longtemps appelés *Tiges* et *Branches*.

Rites (le livre des). Un des cinq livres sacrés, écrit sous la dynastie Han (207-93 av. J.-C.) à partir de sources très anciennes. Il désigne les devoirs religieux ou séculiers de chaque mois de l'année et s'adresse à tous, de l'empereur au criminel.

Saisons (les cinq). Les Chinois associent les quatre saisons à quatre éléments : le Bois, le Feu, le Métal et l'Eau. L'élément Terre n'a pas de saison propre. La sienne trouve sa place entre l'été et l'automne. C'est une sorte d'« été indien ».

Solstice. Le jour le plus long de l'année est le solstice d'été et le jour le plus court, le solstice d'hiver.

Tableau du cycle de la vie. Une particularité des horoscopes chinois pour indiquer les événements marquants de la vie d'un homme, de sa naissance à sa mort.

T'ai Sui (littéralement « la Grande Année »). Les astrologues chinois utilisent ce terme pour indiquer une planète imaginaire qui se déplace dans le ciel en sens inverse de la planète Jupiter. Une de ses positions précises marque le début de l'année du calendrier chinois.

Tiges (les dix Tiges célestes). Une suite de dix symboles, imaginés à l'origine pour calculer les jours de « la semaine chinoise de dix jours », les *dix Tiges célestes* devinrent par la suite une formule essentielle des calculs astrologiques chinois.

Yang et Yin. Influences positive et négative qui agissent sur la matière et l'énergie, souvent interprétées comme qualités « masculine » et « féminine ».

UN HOROSCOPE CHINOIS

S.J. WELLS

Heure et date de naissance

3 h 20 le 23 octobre 1952

Heure et date de naissance chinoises

3e	5e	9e	EAU / DRAGON
HEURE	JOUR	MOIS	ANNÉE

Les quatre Piliers

3	1	7	9
III	V	XI	V

Éléments des quatre Piliers

Feu	Bois	Métal	Eau
Bois	Terre	Terre	Terre
Feu	Feu	Métal	Eau

BOIS	FEU	TERRE	MÉTAL	EAU
2	3	3	2	2

Personnalité

Animal

LE DRAGON

Brillant, caractère extraverti ; aime le sensationnel ; sens de l'innovation ; imagination fertile ; quelquefois rêveur ; fort, résolu et déterminé ; un peu extravagant toutefois.

鼠 牛 虎 兔 龍 蛇
馬 羊 猴 鷄 犬 豬

Les cinq éléments

Une répartition bien proportionnée des cinq éléments indique une personnalité équilibrée, un peu versatile cependant, et une vie bien remplie. Le chiffre 3 de l'élément Terre révèle un sens pratique et un esprit de sérieux rares chez une personne Dragon, alors que le chiffre 3 du Feu accentue la force et le courage généralement caractéristiques des individus de ce type.

木 火 土 金 水

Les Tiges de la chance

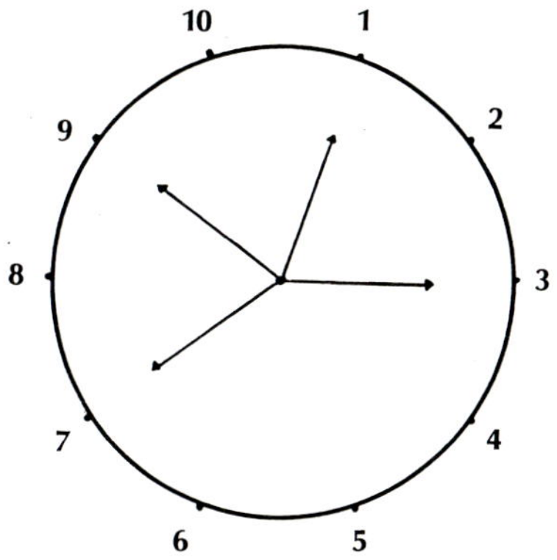

Indications :
Les Tiges 7, 9, 1, 3, en disposition régulière, indiquent que le demandeur réussira dans la vie.

Les Branches de l'harmonie

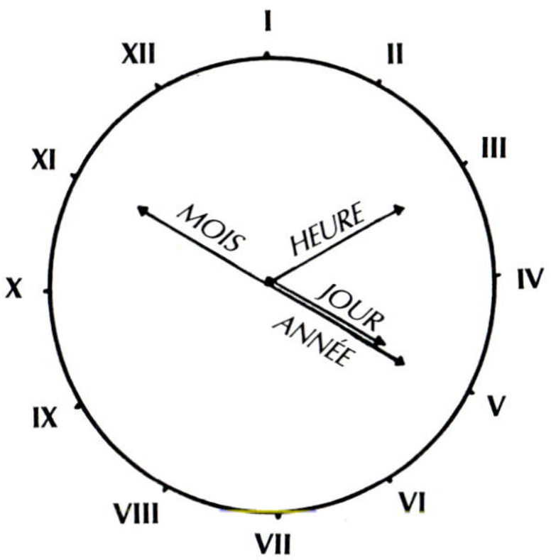

Indications :
La position harmonieuse du mois et de l'heure, de l'heure et du jour compense le conflit révélé par l'opposition Branche du mois-Branche de l'année.

Tableau du cycle de la vie

	Élément		Élément
Le Destin	*Terre*	**La Fortune**	*Bois*
Le Bonheur	*Métal*	**La Chance**	*Feu*
Les Autorités	*Eau*	**Kuan Tai**	*Terre*

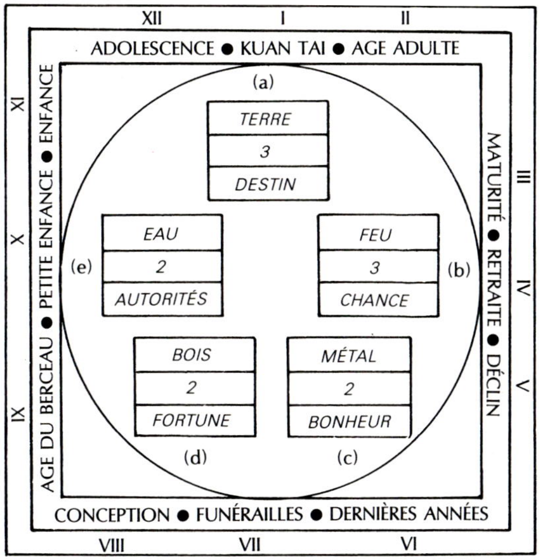

Cadran du ciel et de la terre

Interprétation du tableau du cycle de la vie

La Fortune dans l'âge du berceau indique un bon départ dans la vie. Un chiffre élevé de Feu associé à la Chance dans l'adolescence promet d'excellentes études. Le Destin en Terre dans le secteur du Kuan Tai révèle qu'un événement important se produira à ce moment-là, entraînant peut-être un changement de résidence dans une région éloignée ou à l'étranger. Le Bonheur avec le Métal dans la maturité met en évidence une grande sécurité matérielle. Les Autorités associées à la retraite annoncent la reconnaissance publique d'une carrière.

UN HOROSCOPE CHINOIS

Heure et date de naissance

Heure et date de naissance chinoises

HEURE	JOUR	MOIS	ANNÉE

Les quatre Piliers

Éléments des quatre Piliers

BOIS	FEU	TERRE	MÉTAL	EAU

Personnalité

Animal

鼠 牛 虎 兔 龍 蛇

馬 羊 猴 鷄 犬 豬

Les cinq éléments

木 火 土 金 水

Les Tiges de la chance

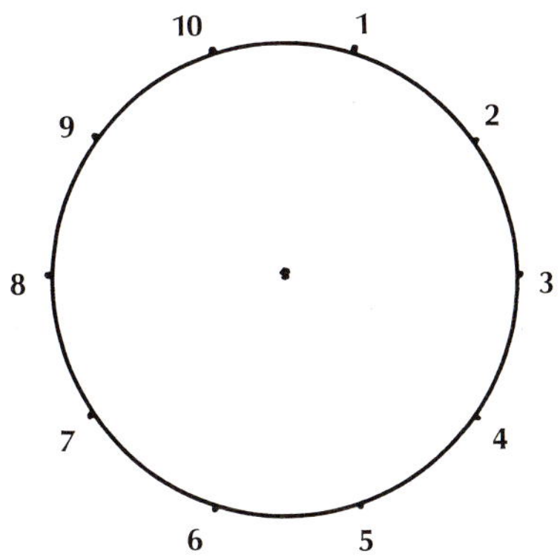

Indications :

Les Branches de l'harmonie

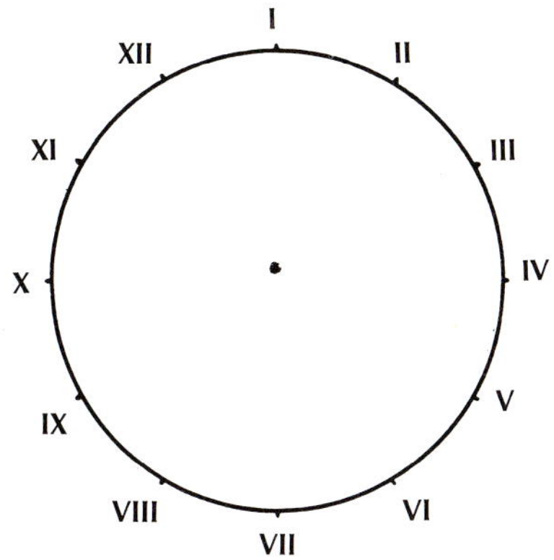

Indications :

Tableau du cycle de la vie

	Élément		Élément
Le Destin	______	La Fortune	______
Le Bonheur	______	La Chance	______
Les Autorités	______	Kuan Tai	______

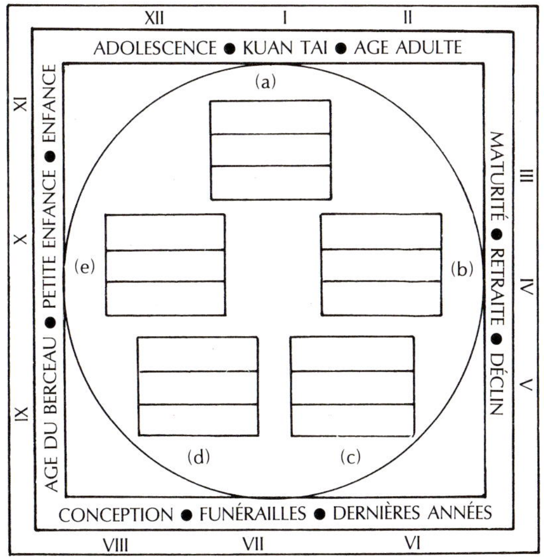

Cadran du ciel et de la terre

Interprétation du tableau du cycle de la vie

INDEX